コーポレートガバナンスの研究

河端真一 著

信山社

第2刷刊行に際して

平成29年4月26日
河 端 真 一

1

　トランプ大統領が誕生し，シリアにトマホーク巡航ミサイルが打ち込まれ，国内では，かつての経団連会長企業たる東芝が，瀕死の重傷で漂流している。電通では苛酷な労働環境によって新卒入社者が自殺し，問題は社長退任まで発展した。三菱グループでも三菱商事の赤字，三菱自動車の実質倒産と日産自動車への吸収合併，三菱重工業の国産ジェット機の五度目の納入延期など，企業不祥事は続いている。

　本来このような不祥事を防ぐために存在するコーポレートガバナンスについての関心は，本書の第1刷を刊行した13年前に比べて急速に萎んだように思える。コーポレートガバナンスコードなど，一部上場企業経営者たる私にとっても煩雑な手続きは増えたが，それが有効であるという証左は無く，むしろ上述のような巨大企業をめぐる問題は枚挙に暇なく生起する。なぜだろうか。13年前のコーポレートガバナンスに対する，熱狂ともいえる盛り上がりとそれに対応した法整備は無意味だったのか。

2

　すべての経済的事象が人間の本能に根ざしていることは論を俟たない。そして本能の最たるものである自己防衛本能，隠蔽による問題先送り体質が，コーポレートガバナンスの衣をまとって出てくるのに，皆嫌気がさして議論が停止したというのが私の推論である。経営者もまた一個の人間であるから，存立の基盤である地位に執着するのは当然とも言えるが，13年前と同様辞めるべき人が辞めず，自己保身のための株式の持ち合いが依然として横行し，社外取締役制度の本格的な導入が遅れている。

　セブン＆アイ・ホールディングスで起きた鈴木敏文元会長の辞任劇も，世間では社外取締役制度が機能した例と言われたが，本質は創業家と鈴

木会長との確執であり、コーポレートガバナンス以前の主導権争いである。大塚家具の「かぐや姫」と揶揄された社長退任をめぐる争闘も、所詮親子喧嘩であり、コーポレートガバナンスの問題というにはレベルが低い。

しかし、結局経営者の人格の問題、人間のレベルの問題とコーポレートガバナンスを抽象論、人間論で片付けてしまうのは「退廃」であろうし、かつて論を張ったものとしていささか情けない。しからば本質的な会社をめぐる議論、すなわち会社の本質は何か、会社の意思決定は誰が行っているか、から簡単におさらいしたい。

3

13年前に私が本書で説いたのは、巨大公開企業は自律的な生き物となり、無限の利益を求めて経営者の意図を超えて歩き出す、ということであった。セブン＆アイ・ホールデイングの鈴木会長解任劇も、独裁的性格を持った鈴木会長に会社自身が危惧を抱き、退任を迫った、と考えるべきである。確かに鈴木会長は高収益企業を作り出した。しかし長期的利益を追求する会社自身は、鈴木会長の独裁体制は不利益と判断したと考えられる。具体的には取締役会という人間が作り出し、しかしながらやがて個々の人間の意思を離れた会社機関が重任を妨げたのである。

現代社会には、公開会社を私物化する絶対的権力者に見えるオーナー経営者も存在するが、その経営者も3期連続赤字など、会社の長期的利益を守れないと会社機関に判断されたとき、その地位に留まることはできない。実績の無い自分の子弟に世襲することもできない。会社資産を持ち帰えれば窃盗罪に問われる。そのような問題行動が行われた場合、普段は形骸化している取締役会、株主総会、あるいはメインバンクが生き返って機能する。巨大企業は誰か個人が支配しているのでもなく、まさに「会社自身」が支配者なのである。

4

巨大企業が自律的な怪物として、さながら恐竜時代のように競争の覇者たらんと社会をのし歩くとき、国家の役割も自明である。世界大の競

争の時代において，企業の盛衰はそのまま国家の盛衰につながる。韓国サムソンが好例である。巨大企業をより強大に，そして行儀よく飼いならす訓練が国家独占資本主義段階の国家に要請される。それが現代におけるコーポレートガバナンスの存在意義であろう。さすればそれは象の訓練と同じで，飴とムチ，すなわち企業減税などによる経営者報酬，株主配当の増大と，道を踏み外した場合の厳罰化でなければならない。

　思えば過去のコーポレートガバナンスとは，古きよき時代の感傷であった。企業が善意と愛国心にあふれ，租税回避など考えもせず経営されていた時代にのみ存在し得た動物愛護条例的なものであったのだろう。

　巨大企業はさらに巨大化する。アマゾンを見れば，小売業のある部分は単一企業化するのでは，とも思える。巨大企業に愛国心，社会的貢献などを求めても，多国籍化した企業からはどこの国への貢献ですか，という答えが返ってくる。むしろ現状では，国家は巨大企業に貢献を求めるのではなく，優遇税制などで誘致するのに熱心である。人々の関心事は，いまや姿を消しつつある戦争や飢餓ではなく，失業や富の配分に移っていく。未来社会の主体たる巨大企業の新しいコーポレートガバナンスと，巨大企業を進歩のためのエンジンとみなす社会の合意形成が望まれる。

はしがき

　本書は著者が修士学位論文（標題「コーポレートガバナンスの理論的基礎」）ならびに博士学位論文（標題「効率的コーポレートガバナンスの研究」）として一橋大学に提出した論文を加筆修正したものである。

　筆者のコーポレートガバナンス研究の端緒は，経営者として「あるべき会社とは」という問いに悩んだ経緯にある。自ら創業した会社を長年にわたって維持するということは，私のような浅学非才にとっては苦労と失敗の連続であった。自分が経営の現場で感じたことを体系化し，後進の他山の石となるべく考え始めたのはだいぶ前のことになる。

　それゆえ一橋大学で大学院の社会人学生を募集していることを知った時，年齢を省みず応募しようと考えたのは，私にとっては決して唐突なことではなかった。幸いにして入学を許され，業務の傍ら早朝や深夜の時間を捻出し若き学友諸君とともに研鑽に励む中で，私はいかに世の経験法則と学問的常識，そして現行法体系を知らずして日々の経営実務に当たっていたかを思い知った。

　そのような水準でしかなかった私に，指導教官として懇切丁寧にご教授下さったのは一橋大学副学長川村正幸先生である。先生の謦咳に接することがなければ，業務経験を学問的に纏めたいという思いも半ばにして挫折していたことであろう。また本業を持ちつつ博士後期課程，大学教員という道を歩むこともなかったに違いない。川村先生の深き学恩には感謝の言葉もない。

　また一橋大学大学院法学研究科の山部俊文教授，野田博教授，仮屋広郷助教授にも，ご親切にご指導を賜ったことについて深く感謝を申し上げる次第である。また本書出版に際して，信山社渡辺左近社長には，法律学関係図書出版の専門家としての貴重なアドバイスを頂き，感謝に耐えない。

　年齢的なハンディを負った私の研究者としてのスタートであったが，紙幅の関係上ここにご尊名を記せない多くの方々のご支援にもより本書の出版に漕ぎ着けた。かくなる上はコーポレートガバナンスについてさ

さやかなりともさらに研究を進め業績を積み，以て恩師各位の学恩と関係各位の恩義に報いる覚悟である。

　平成 16 年 7 月 1 日

河 端 真 一

目　次

第1編　コーポレートガバナンスの理論的基礎 …… 1

はじめに ……………………………………………………………… 3

第1章　「経営者支配」論の系譜 ………………………………… 6

第1節　バーリーとミーンズの主張 …………………………… 6

第2節　その後の論争点 ………………………………………… 10

1　「所有と支配の分離」についての論及（10）
2　ドラッカーの企業論（11）
3　ガルブレイスの企業分析（12）
4　「企業目的」の変遷（14）
5　マルクス学派からの反論（15）

第3節　問題の所在 ……………………………………………… 17

第2章　株式会社理論の検討 …………………………………… 20

第1節　所有と所有権 …………………………………………… 20

1　所有権概念の成立（20）
2　貨幣における「所有」の分裂（21）
3　貨幣商品説（22）
4　信用の創造と発展（23）
5　「新商品」としての株式の創造（23）
6　株式自身に内包される「経営者支配」（24）
7　資本運動における「経営者支配」の位置（25）
8　「所有」と所有権の乖離（25）

第2節　株式会社制度の成立 …………………………………… 26

　　　　　1　会社制度の沿革（26）
　　　　　2　株式会社の出現（28）
　　　　　3　株式会社の外形的法規定（30）
　　　　　4　株式会社財団説（31）
　　　　　5　会社機関（32）
　　　　　6　会社機関の空洞化（33）
　　　　　7　会社機関の機能改善（34）
　　　　　8　株主権と所有権（35）
　　　　　9　株主権についての議論（36）
　　第3節　株主の会社所有権の縮減 …………………………………37
　　　　　1　問題の所在（37）
　　　　　2　会社所有者としての株主（38）
　　　　　3　株主の会社所有権の分析（39）
　　　　　4　株主権の縮減（40）
　　　　　5　あるべきコーポレートガバナンス（41）
　　　　　6　日本的な株式持合（41）
　　第4節　会社支配権の「会社自身」への移行 ……………………44
　　　　　1　「会社自身」という概念（44）
　　　　　2　「会社自身」と経営者（45）
　　　　　3　資本運動の原動力としての競争（46）
　　　　　4　「経営者支配」論の検討（48）
　　　　　5　企業目的（49）

第3章　近時のアメリカ学説の検討 ………………………………51
　　第1節　経済学の潮流 ………………………………………………51
　　　　　1　アダム・スミスと新古典派経済学（51）
　　　　　2　ケインズのマクロ経済学（52）
　　　　　3　古典派経済学とマルクス（53）
　　　　　4　小　　括（53）

　　　　　5　「法と経済学」の沿革 (54)

　第 2 節　企業目的に関する近時の議論 …………………………………56

　　　　　1　タイム社事案 (56)

　　　　　2　信認義務の展開 (58)

　　　　　3　コミュニタリアンとコントラクタリアン (59)

　第 3 節　アメリカの議論に関する考察 ……………………………………60

第 4 章　現代のコーポレートガバナンスへの提言 …………63

　第 1 節　取締役の信認義務 ……………………………………………………63

　　　　　1　問題の所在 (63)

　　　　　2　信認義務についての議論 (64)

　　　　　3　日本法への提言 (66)

　第 2 節　コーポレートガバナンスの目的……………………………………67

　　　　　1　問題の所在 (67)

　　　　　2　通産省「21 世紀の企業経営のための会社法制の整備」
　　　　　　　について (68)

　第 3 節　公開企業におけるガバナンス改革の方向性 ………………72

　　　　　1　社内取締役の部門別配置と業績開示 (72)

　　　　　2　連結財務諸表と時価会計 (73)

　　　　　3　社外取締役 (74)

　　　　　4　配　　当 (77)

　　　　　5　経営者の特権開示 (79)

　　　　　6　株主総会 (81)

　　　　　7　敵対的 TOB とその防御策 (82)

　おわりに…………………………………………………………………………84

目　次

第2編　効率的コーポレートガバナンスの研究……85

はじめに……………………………………………………………87
1　本編の目的（87）
2　コーポレートガバナンス論の系譜（93）
3　現代のコーポレートガバナンス論（96）

第1章　日本型メインバンクの機能の検討……………98
1　問題の所在（98）
2　メインバンクとは（99）
3　メインバンクのモニタリング（102）
4　メインバンクの利益相反（105）
5　衡平なる劣後（epuitable subordination）（106）
6　コーポレートガバナンスの観点からの評価（108）

第2章　アメリカにおける近時の情勢………………113
第1節　エンロン・ワールドコム事件と企業改革法………113
1　エンロン・ワールドコム事件の概要（113）
2　政府および議会の対応（114）
3　その他の機関の対応（117）

第2節　問題の所在…………………………………………119
1　背景としての90年代（119）
2　ストックオプション（120）
3　監査人（123）
4　アナリスト（124）

第3節　考　察………………………………………………126
1　連邦規制についての考察（126）
2　重罰主義についての考察（128）
3　小　括（131）

第3章　コーポレートガバナンスと効率性……………133

ix

目　次

　　　　　1　歴史的経緯と考察の視点（133）
　　　　　2　コーポレートガバナンスと効率性（136）
　　　　　3　効率性についての従来の見解（138）
　　　　　4　効率性確保のための推奨型外部ガバナンス（140）
　　　　　5　経営内部における効率性（142）
　　　　　6　効率性指標と改革への示唆（145）

　第4章　コーポレートガバナンス各論 ……………………148
　　第1節　各国における法構造と問題点 ………………………148
　　　　　1　アメリカの状況（148）
　　　　　2　イギリスの状況（149）
　　　　　3　ドイツの状況（150）
　　　　　4　わが国の状況（152）
　　第2節　効率的コーポレートガバナンス確立のための制度提言…153
　　　　　1　株主総会（154）
　　　　　2　取締役会（158）
　　　　　3　社外取締役（161）
　　　　　4　代表執行役（165）
　　　　　5　執行役（166）
　　　　　6　委員会（168）
　　　　　7　取締役会の開催（170）
　　　　　8　取締役の報酬（171）
　　　　　9　新市場の設立（176）

おわりに――会社は誰のものか ………………………………180

参考文献一覧

第1編

コーポレートガバナンスの理論的基礎

はじめに

　本編は，資本主義が高度に発達した現代において，「会社とは何か」，「会社と株式における所有とは何か」という本源的な問いについて考察することにより，「会社はどう運営されるべきか」という，いわゆるコーポレートガバナンス（企業統治）について検討し，その理論的根拠を明確化せんとするものである。

　現代の日本において，大規模公開会社は社会に対する大きな影響力を有している。かつては人々の生活に大きな影響を与える外部的要素は政治や外交であった。政治や外交の結果としての戦争や貧困は，人々の生活の基本を直撃した。しかし現代においては，それに代わって巨大化した企業の存在と企業社会ゆえの諸問題が社会的比重を増している。

　たとえば，第一勧業銀行，富士銀行，日本興業銀行が企業統合して出来上がった日本最大のメガバンク，みずほホールディングスの資金量は95兆円であり，中国のGNP（82兆円）を上回り，日本のGNP（400兆円）の約4分の1にあたる。1998年のNTTの申告所得は9466億円であり，京都府の歳入8510億円を上回る。このように財務規模からみても，社会における企業の相対的比重は上昇している。そして巨大企業において行われる人事・労務政策や基本的な労働に対する考え方・慣行は，零細企業を含む全ての会社に程度の差こそあれ浸透し，また法的にも，規模の差があっても株式会社であれば会社法上で同一の取り扱いがなされている。

　世界に目を向けても，先進国家においては飢餓や戦争の危機が減少し，それに代わって不況，レイオフ，失業に関連する社会・治安問題，地球環境問題など，企業に起因する諸問題の比重が増大している。そして，巨大企業の社会的責任と社会との調和について日本以上に議論が高揚しているといえる。

　このように現代社会の主体ともいうべき地位にある大規模公開会社は，現在のような規模になってからは比較的歴史が浅い。それゆえその巨大性，組織性，社会性に起因する法的問題については学説的に未消化の部分も存在し

ている。具体的な内容としては古くは公害や粉飾決算などがあり，現代ではディスクロージャーや企業買収，PL法，株主代表訴訟，知的財産権など多くの問題が俎上に上っている。

　現代世界における経済運営の主流はアメリカ型市場主義経済である，といっても過言ではないであろう。その基本的理念は新古典派経済理論と軌を一にしている。すなわち市場原理こそが資源をもっとも効率的に分配する道であり，自由主義的経済こそが世界を繁栄させる，とする主張である。

　この理論をおおむね前提として会社を規制しているのが日米の会社法である。とりわけアメリカの会社法では，経営を委任された取締役が株主のものである会社において株主利益を最大化する過程における規制，として会社法の諸法規が定められている。もちろんこの株主第一主義については，アメリカにおいて様々な賛否の議論も存在している。

　その議論の延長線上で，会社はいかに運営・統治されるべきかという，いわゆるコーポレートガバナンス論も近年盛んになり，これに関する論考は，経済学，経営学の立場から多数提出されてきた。法学的な立場からのコーポレートガバナンス論も多く提出されているが，どちらかというと法解釈，あるいは立法論として部分的なものが多いように見受けられる。すなわち現代公開会社がどう統治され，どうモニタリングされるべきかについて，取締役（会），監査役（会）の役割，さらには単独株主権の発露としての株主代表訴訟など，個別の問題について議論が深まっている。

　企業は法律を基礎として形成されるものであるから，会社の巨大化，国際化，相互依存性の増大傾向に対応した法整備に関する部分が，まず最初に議論され，拡充されるのは当然とも言えるが，今後は，企業のあるべき理想像を模索するという意味においても，法学の側からもコーポレートガバナンス論を通じて経営学，さらには実際の経営へと架橋していくべきであろう。その意味で，法律学の立場から株式会社の理論的基盤を明らかにしつつ，「経営者支配」論を前提とした現代のコーポレートガバナンスに論及することは意味が大きいのではないだろうか。

　企業の生成過程において法が会社という「工夫」[1]をどのように認識したのか，あるいは，その後の会社巨大化の道筋において生起した諸問題を，内外の法や経済学，経営学はどのように解釈，解決したのか，どんな問題が未

はじめに

定着の議論として残っているのか，それらを検討していく過程に，現代大規模公開会社のコーポレートガバナンスに関する理論的貢献の契機があると考えている。

そして歴史と世界を座標軸としたパースペクティブで，従来からの学説・議論を踏まえて考えられるコーポレートガバナンスのあるべき姿とはどのようなものであろうか。本稿はそのような観点から論を進める。

現代における大規模公開会社のコーポレートガバナンス問題について論ずるとき，バーリーとミーンズの1932年の著作『近代株式会社と私有財産』に始まる，いわゆる「経営者支配」論（マネジリアリズム）の検討を通じて，株主による会社の所有の本質的性格と支配の構造を歴史的に明らかにすることがまず必要であろう。その中にこそコーポレートガバナンスの現代的，法学的問題の解決に必要な諸要素が存在すると考えられる。

さらに本編ではバーリーとミーンズに続く「経営者支配」論や，法律学における所有権，株主権，株式会社に関する歴史的な論争点を再検討することによって，株式会社における所有と支配の理論的構造と意義について考察する。その上でアメリカにおける新古典派経済学の流れを受けたいわゆる「法と経済学」の潮流の主張，それに対立する学説の主張，それらを受けたアメリカの最近の判例，さらに2000年12月に提出された通産省審議会における商法改正案について検討を加え，それらを踏まえて現代におけるあるべきコーポレートガバナンスの輪郭について，提言を示そうと考えている。

---

(1) T. Veblenを開祖とする制度派経済学では，人間の行動を基本的に本能（すなわち普遍的思考・習慣）に基礎を置くものとし，それが反復的に累積されることにより制度が形成されるとし，始源的な人間の経済行動が反復しておこなわれた結果，企業を含めた経済制度が生まれたと考えるが，ここではその制度に時の権力が法的枠組みを与え，これを公認・促進したことをもって「工夫」としている。

5

第1章 「経営者支配」論の系譜

第1節 バーリーとミーンズの主張

　日本における大会社のコーポレートガバナンスを巡る近年の議論において，大企業における経営の実態を，「経営者支配」とする認識が通説であるように思われる[2]。すなわち株主による会社支配の衰退と，株式所有に基礎を置かない職業的経営者の会社支配の確立である。この株式所有に基づかない会社経営者の権力の分析は，以下検討していくように，これまでの経営における支配の実態に関する議論の最大の論点になっている。

　「経営者支配」論（マネジリアリズム）の古典として有名であり，コーポレートガバナンス論の冒頭にも多く引用される，アドルフ・バーリーとガーディナー・ミーンズの共著『近代株式会社と私有財産』(1932年刊)[3]の主張についてまず検討を加えたい。この研究は，「株式会社が財産に対して持つ関係を解きほぐすべく意図された」[4]ものであるが，この時代に法律学者が経済学者の協力を得て仕事をする，という現在の「法と経済学」の協力関係を彷彿

---

(2) 「強度の経営者支配が確立されている」川村正幸「会社法とコーポレート・ガバナンス」一橋論叢111巻4号（1994）685ページ，「従来の日本の大会社は，『出世した従業員』である経営者により意思決定がなされる一種の『経営者支配』であったとの認識が主流のように思われる」江頭憲治郎「コーポレートガバナンスを論ずる意義」商事法務 No.1364（1994）4ページ。

(3) A. A. Berle and G. C. Means "The Modern Corporation and Private Property" 1932, Revised Edition 1967. 北島忠男訳『近代株式会社と私有財産』文雅堂書店，第1篇第3～5章のみがミーンズの執筆によるものであるが，ここでは全体を共著として扱う。

(4) 注(3)前掲書序文5ページ。

させる方法を選択した点でも特筆すべきであろう。
その論点を整理すれば以下のとおりである。
① 資本主義の発展によって，株式会社が経済の基本的要素になった現在，一部の巨大会社への資産総額，売上高などの集中は極度に進行している。1930年のアメリカの銀行業を除く全産業において，上位200社の巨大会社（鉄道会社42社，公益企業52社，産業会社106社）[5]の資産合計総額は810億ドルとなり，上位15社の資産総額はそれぞれ15億ドルを超えている。この上位200社の資産総額は，アメリカの全会社資産総額の約2分の1に達し，圧倒的な社会経済的影響力をもつに至っている[6]。
② これらの巨大会社では，株式の所有が多数の株主に分散している。たとえば，最大の公益企業たる米国電信電話会社の株主数は約50万人，筆頭株主の持株比率は0.6％，20位までの大株主の持株比率は4％である。また最大の鉄道会社たるペンシルベニア鉄道会社では，株主数19万人，筆頭株主の持株比率は0.34％，20位までの大株主の持株比率は2.7％である。さらに最大の産業会社たる合衆国製鋼会社においては，株主数18万人，筆頭株主の持株比率は0.9％，20位までの大株主の持株比率は5.1％である[7]。
③ このような株主分散にともない，株式所有に基づかない経営者による「経営者支配」型の会社が出現し，その大規模会社全体に占める比率はかなり高い。1930年初頭における実態を支配形態によって分類すると，上位200社のうち個人所有会社は6％，少数者が過半数以上の株式を所有することによって支配している会社は5％に過ぎない。そして20％以上50％未満の株式所有を通じて会社を支配していると見られる少数持株支配会社は23％，株式の分散が極度に進んでいていかなる株主も支配権を行使できず，経営者が実権を握っていると見られる「経営者支配」型会社が44％に達し，資産では58％を占めている[8]。

---

(5) 注(3)前掲書36ページ。
(6) 注(3)前掲書23ページ。
(7) 注(3)前掲書61ページ。
(8) 注(3)前掲書117ページ。

④ 「経営者支配」型の企業では,「所有と支配の分離」がおこなわれ,「少しの所有権もない富の支配,少しの支配力をももたない富の所有権」[9]が現出している。株主の所有権は経営に対して発言権を持たないという点において名目的となり,経営者は株式所有者に直接拘束されない体制にある。経営者はいまや企業における最大権力者になっている。

⑤ 「経営者支配」型の新しい経営者層は,所有と切り離されているので,利潤最大化動機に従う必要がない「厳密に中立的なテクノクラート」であって,「私的貪欲よりも公共政策に基づいて所得の流れの一部分を割り当てる純粋に中立的な技術体に発達すべきである」[10]ものとして公共の利益に立脚しうる存在である。それゆえ,「株式会社は利潤追求企業という性格を変えた」のである[11]。

現代のコーポレートガバナンスの出発点とされる,「会社は誰のものか」という問いに対して,バーリーとミーンズは前掲書において,1932 年に「所有していないものの支配,支配なき所有」という事態に注目せよ,とすでに指摘している。株式分散による株主の無力化,経営者による委任状勧誘機構の支配などを通じて,「所有と支配の分離」から「経営者支配」に移行するという論理の成立点はここに認められる。

当時は「会社は資本家のもの」という認識が一般的であったであろう。これに対して,バーリーとミーンズの実証的な分析による研究の「もはや資本家なし」という結論は大きな反響を呼んだ。しかしその核心は書名にも明らかなように,大規模公開会社において経済学的にも法的にも所有の基盤が変動したという,財産所有論の株式における変革という認識にあると思われる。すなわち「出資と支配の分離」の進行の過程で,それまでの「伝統的財産」が社債や株式などの「消極的財産」と,資本として現実に機能している会社資産たる「積極的財産」に分化し,そこにおいて「財産の論理」と「利潤の論理」が矛盾し,対立するようになったことが指摘されている[12]。

---

(9) 注(3)前掲書 88 ページ。
(10) 注(3)前掲書 450 ページ。
(11) この分析は,北原勇『現代資本主義における所有と決定』 岩波書店(1984) 7 ページ以降を参考としている。以下についても同様である。
(12) 注(3)前掲書 430 ページ及び 448 ページ以降。

このようなコーポレートガバナンスの本質的問題ともいえる「財産の論理」と「利潤の論理」の矛盾の解決策として，バーリーとミーンズは「経営者の中立的テクノクラシー化」を提示し，株主と経営者の利害均衡だけでなく，その他の企業内外の利害関係者をも含めた利害均衡を経営者の任務として位置付けている。こうした考え方はガルブレイズらを経て現在のステイクホルダー論にも直接結びつき，その意味で大変意義深い。

しかしここで留意しなければならないことはバーリーとミーンズの所論は，大株主の支配権の後退と個人株主の登場についての当時の傾向を前提としていることである。現在の大規模公開会社においては，往事に比較しても取り広範な個人株主が存在するが，その一方で銀行，保険会社，年金基金など，当時存在しなかった「機関投資家」が出現している。このことがコーポレートガバナンスに与える影響は無視できず，それゆえバーリーとミーンズの株式分散に関する結論は，そのまま現代に適用することはできない(13)。

総じてこのバーリーとミーンズの労作は，この時代において画期的なパラダイム(14)の革新を含むものであったといえよう。現代のコーポレートガバナンス論の冒頭にまず引用されることが多いが，それに十分な歴史的価値を有している研究であると思われる。しかし「所有と経営の分離」というそれ自身は正しいと思われる研究が，利潤追求という資本の論理までも変化したという点にまで結論が及んでいる点については疑問なしとしない。時代の変遷を経て現代に至った資本主義において考えてみても，利潤追求という資本の論理については変化していないと思われるし，経営者が中立的な存在になったという証左もない。その意味ではこのバーリーとミーンズの著作については，それに依拠して現代的な問題を考えるには基本的に問題があるといわなければならない。

『近代株式会社と私有財産』は，1968 年に両人の序文，ならびにミーンズの統計調査を付して再刊された。この調査においてミーンズは 1929 年から

---

(13) 植竹晃久・仲田正機『現代企業の所有・支配・管理　コーポレートガバナンスと企業管理システム』ミネルヴァ書房（1999）33 ページ。

(14) Kuhn「一般に認められている科学的業績で，一定期間専門家に対して問い方や応え方のモデルを与えるもの」(1962)。

1962年までの大規模公開企業への資本集中の推移，すなわち33年間の上位製造業100社における集中は，総資産において40％から49％へ，総資本において44％から58.4％へ進展したということと，所有と支配が分離する傾向の進行をラーナーの調査結果を引用して確認した。

第2節　その後の論争点

1　「所有と支配の分離」についての論及

しかし所有と経営の分離については，バーリーとミーンズの1932年の実証的研究に先行するケインズの著作にも同趣旨が見える。

ケインズは所有と経営の問題について「最近数十年間におけるもっとも興味深く，しかもほとんど注目されていない発展の一つに，大企業自体の社会化傾向がある。大組織（a big institution）——とりわけ大鉄道会社とか大公益事業会社，さらにまた大銀行や大保険会社など——が成長して一定点に達すると，資本の所有者，すなわち株主が経営からほとんど完全に分離され，その結果，多額の利益をあげることに対する経営者の直接的な個人的関心は，まったく副次的なものとなる。この段階になると経営者は，株主のための極大利潤よりも，法人組織（the institution）の全般的安定と名声の方を重視する。」[15]と1926年に主張している。

このようにケインズによってまず指摘され，バーリーとミーンズによって実証的に体系化された，「所有と支配の分離」，「経営者支配」という巨大株式会社の変化に対する理解は，ラーナーによってさらに発展，補強された。1963年現在の資料を使ったラーナーの調査では，バーリーとミーンズの調査では20％であった「少数持株支配」として分類された会社の経営者持株比率を10％まで引き下げたにもかかわらず，この「少数持株支配」型に属する企業の割合は著しく減少し，それに対して10％以下しか株式を所有しない経営者による「経営者支配」型の企業が増加して83.5％を占めるに至っている，としている。そして「バーリー＝ミーンズが1929年に進行中であるとし

---

(15) The End of Laissez-Faire「自由放任の終焉」（『説得論集』（ケインズ全集第9巻）東洋経済新報社（1926）346ページ）。

た『経営者革命』は，34年後の今日にほぼ完成した。」(16)と結論づけている。

またゴードンは1930年代のアメリカにおける数百の巨大企業の意思決定について，自ら規定したビジネスリーダーシップ概念に基づいて綿密で実証的な研究を行い，法的には取締役会にある権限が取締役会によって雇用されている最高経営責任者の手に集中し，彼らは株主，銀行を含む外部の制約を顧慮しつつも，それらから基本的に自由になっていると主張した(17)。

以降このような「所有と支配の分離」という分析は多くの学者によって受け入れられ，コーポレートガバナンスの議論の出発点になっている。以降参照するように，ドラッカー，ガルブレイスなどの著名な論者がこの延長線上で，資本主義と巨大公開企業の支配関係の変化について議論を発展させている。

2　ドラッカーの企業論

ドラッカーは，「大量生産の原理による世界的な革命が進行しつつある」と把握し，「それは技術的な原理であると同時に社会的な原理であり，それゆえ人間の社会的行為全てが組織を通して運営されるようになった」とした。したがって「人間生活の全ての局面で組織論理，すなわち専門化と統合の論理が貫徹される」と指摘した。

このような組織に対する考え方は，ウエーバーの系譜上にあるもので，「目的合理的過程の進展，生産力的・技術的必然によりピラミッド的組織と官僚制が成立する」と説いたのはウエーバーである。ドラッカーは「大量生産と組織の原理が典型的に展開されているのが企業であり，企業は利潤追求を求める合目的的存在である」とする。ただしそれにとどまらず企業は「人間関係の場であり，それゆえ職務遂行に関する諸規定，諸企画を創造し，それにおいて労働本来の喜びを感じ取る場」でもあると肯定的にとらえている。

---

(16)　R. J. Larner "Management Control and the Large Corporation" 1970 p. 22, 北原・前掲書8ページ。ただしこの著書でラーナーは，バーリー＝ミーンズのマネージメントコントロールと分類されるの数値については過大に算定されているとし，また巨大株式会社が利益追求企業でなくなることはない，としている。

(17)　R. A. Gordon "Business Leadership in the Large Corporation" 1945, 平井泰太郎・森昭夫訳『ビジネスリーダシップ』東洋経済新報社。

ドラッカーはそのような企業肯定的な論理の延長線上に，経営者支配としての株式会社論を展開したが，特筆すべきことは「経営者の行使する権力は経営者自身の能力から出たものである」という認識を示したことである。すなわち「経営者の行使する権力は，株式を所有しているという以外の根拠に立脚した支配権に由来している」とする点である[18]。株式会社は経済的社会的に制度として自立し，経営者は「所有なき支配」を貫徹する正当性を持たねばならないが，その正当性は大規模公開会社を自立的に継続して機能させうる経営者機能・能力である，という主張である。

彼の主張は「かくあるべき」という規範論の色合いが濃い。ナチスに追われその罪を告発し続けた彼の人生において，自由こそ人間のもっとも基本的で守るべき理念であった。その自由も解放や放縦ではなく，責任ある意思決定をし，遂行し，責任を取らねばならない，という義務としての自由，すなわちアウグスチヌスに始まるキリスト教的人間観から導かれる自由である。バーリーとミーンズ的な実証的立場から，単なる規範論，道徳論としてこれを批判することはたやすいが，むしろ規範論と実証論を混同して議論する愚を避けなければならない。新しい時代の到来にあたって，それまでの議論の延長線上で産業社会に関して積極的肯定的に評価すべき点を指摘したと考えるべきであろう。ドラッカーは経営学において多くの著書と優れた業績を残し，それゆえ資本家に奉仕する学者というイメージも存在すると思われるが，企業と産業国家について学問的に画期的なパラダイムを与えた。彼は自由な意思決定と選択の総合体として企業を見たのであり，所有と経営の分離に関する精緻な議論とはいえないが，本書の目的たるコーポレートガバナンスの研究という視点からは理念的に考慮すべき論点があると考える。

3　ガルブレイスの企業分析

ガルブレイスは主流派経済学者を苛烈に批判し，90歳に近づいた今でも，

---

[18]　P. F. Drucher "The Future of Industrial Man" 1942 p. 2, 田代義範訳『産業人の未来』未来社（1965）15ページ, The New Society:the Anatomy of the New Industrial Order (1950) p. 76。現代経営研究会訳『新しい社会と新しい経営』ダイヤモンド社(1967) 67ページ。

マスコミにおいて厳しい論評活動を展開していることで知られている。とりわけ1991年の湾岸戦争中には、日本の経済誌のインタビューに応えて以下のごとく語っている。

「経済学者の影響力は、これまでも大きかったし、これからもそうだと考えている。これは、経済学者が、経済学は特定の政治グループに仕えるのではなく、社会に貢献すべきものだと考えていたからだ。

ところが、レーガン政権以降、経済学の世界に不幸なことが起きた。アメリカのために何が必要だというのではなく、レーガン政権やブッシュ政権の政策の妥当性を経済学的に裏付けようとする経済学者のグループが現れたのだ。

要するに、経済学者は社会全体のために経済学を発展させているのだということを忘れてはならない。経済学者は学問的な成果を発表するだけでなく、よりよき社会を建設するために、もっと具体的な政治活動を開始すべきだ。」[19]

アメリカ制度学派の創設者ヴェブレン[20]の影響を強く受けたガルブレイスは上述のごとくアメリカの保守主義的主流派経済学の潮流に激しく反発している。それゆえの論旨の明快さは、たとえば企業論でも明白である。その主著『新しい産業国家』[21]において「成熟した会社では実権がテクノストラクチュアに移っている」と所有と経営の分離についてより進んだ見解を示した。テクノストラクチュアとは「集団によるデシジョンメーキングに参加する全ての人々、あるいはこれらの人々が構成する組織」を指し、「その範囲は会社の大部分の上級職員から始まり、その外縁では、命令や日常業務に多かれ少なかれ機械的に従う機能を持つ事務および筋肉労働者のところまで広がっている」「決定を下すのは経営者ではない。実際に決定する力は、技術職員、計画担当職員ならびにその他の専門化した職員の中に深く宿っているのである。」としており、「経営者支配」はガルブレイスにおいて、その経営

---

(19) ガルブレイス『エコノミスト』1992年1月7日号。
(20) 脚注(1)参照。
(21) J. K. Galbraith "The New Industrial State" 1967 p. 66, 116, 都留重人監訳 『新しい産業国家』(第2版) 河出書房新社 (1972) 107, 173ページ。

者の定義範囲の広がりを見せている。

またサリンジャーとの対談[22]でも「経営者が取締役会を選任し，取締役会がまた経営者を選任するのです。これは自分で自分を是認するいわば閉ざされた回路のシステムです。」と述べ，その結果テクノストラクチュアの力は自己増殖する，と主張している。ここでも支配の所有からの分離が指摘されており，しかもその支配権の行き先が自然人ではない組織に措定され，「組織自身による支配」という観点が提出されていることにも注目すべきであろう。

ガルブレイスもドラッカーと同様論証や証明の類は一切ない。それにもかかわらず歴史学，政治学と一体となった「政治経済学」の論客としては比肩すべきものはなく，シカゴ学派系のノーベル経済学賞受賞者の著作に比べ，論理的にも規範的にも説得力が感じられる[23]。精緻な議論をもってこれを論破することはドラッカー同様たやすいが，私見によれば「理論」とはそのように実証分析によって帰納的に導かれるものではなく，演繹的に正しさが感得される「仮説」であり，企業社会に関するガルブレイスの所説は十分に理論として検討に値するであろう。しかし余りにも自信にあふれた彼の理論には，時としてコントラストを描くための過度の誇張を生み，とりわけ企業における経営階層としてのテクノストラクチュアの定義範囲を一般従業員にまで広げたことについては疑問なしとしない。

4 「企業目的」の変遷

しからば企業を一定の方向へ導こうとする企業目的，すなわち「経営者支配」の時代における経営者・企業の「動機」は何であろうか。伝統的経済学では，会社所有者たる株主の利益極大化が企業自身の目的でもある，とされていた。

しかし所有と経営の分離の傾向が明確になった現代，大規模公開会社では株主の意図する株主利益極大化という目的がそのまま企業目的とはなっていない。「経営者支配」という状況認識からしても，株主以上に経営者の意図が

---

(22) ガルブレイス『現代経済入門』（1978）。
(23) 根井雅弘『ガルブレイス　制度的真実への挑戦』丸善ライブラリー（1995）194ページを参考にしている。

優先して企業目的となり，しかもそれが株主の企業目的とは違ったものでなければ論旨が一貫しない。

バーリーとミーンズは，「株式分散が株主支配力低下を招き，株主と比べ相対的に増加した経営者支配力は中立的性格も併せ持つものであって，会社は公共の利益を反映する」という論理の流れの中で，経営者の企業目的がもはや株主利益の追求ではなく，経営者の独自目的の追求であるとした。またドラッカーは事業目的を「顧客の創造」としたうえで，この実現の達成のための8領域での中間目標（市場の地位，革新，生産性，物的資源と財源，収益性，経営担当者の資質，労働者の能力，社会的責任）を企業目的とした。さらにガルブレイスはテクノストラクチュアの地位安定化のための企業成長率極大化が企業目的となると考えた。

「経営者支配」論がいうような，資本主義の枠組みを根本から変えるような企業目的における変化があったのかという点は非常に重要である。コーポレートガバナンスの理論を構築しようとすれば，企業を貫徹していた利潤追求原則が，前述のバーリーとミーンズ，ドラッカー，ガルブレイスの言うごとく変化したのか，それともまったく変化せず貫徹しているのかについてまず検討しなければならない。そのとき，以下にみるマルクス学派からの「経営者支配」論に対する反論は参考となる点が多い。同時に，それらの延長線上にある現代大規模公開会社においてそのような変化が存在するのか，それとも大きく変わっていないのか，という点も実証的に論考されなければならない。

5　マルクス学派からの反論

バーリーとミーンズに始まり，ラーナー，ゴードン，ドラッカー，ガルブレイスと続く「経営者支配」論については厳しい批判が存在した。マルクス主義の側からはパーロ[24]，バランとスウィージー[25]からの代表的な批判が

---

(24) V. Perlo "The Empire of High Finance" 1957，浅尾孝訳『最高の金融帝国』（合同出版）の主に第3章による。

(25) P. A. Baran and P. M. Sweezy "Monopoly Capital" 1966，小原敬士訳『独占資本』岩波書店，第2章を参考としている。

ある。パーロの主張を要約すると
① アメリカ経済を支配しているといわれる200社の大半はモルガン，ロックフェラーをはじめとする八大財閥によって支配されている。これらの財閥は銀行，すなわち金融資本を核に産業会社を株式保有と貸付の2方面から支配している。そしてそれを実効あるものにするために役員を派遣している。
② 巨大公開会社の株式所有は分散しているが，それは少数者がわずかの持株比率で会社を支配できる方法が開発されたことを意味している。さらに各種の機関株主が登場しており，これら生命保険会社，投資信託，年金基金，銀行信託部はその中心に銀行が存在し，金融資本を形成している。この銀行を中心とした金融資本全体の持株は必ずしも少数株主とは言えず，それを背景にする支配も「経営者支配」とはいえない。バーリーとミーンズが「経営者支配」とした36社の大企業は，3社以外は全て外部にそのような金融資本を中心とした支配者が存在する。
③ これらの財閥を支配するのは50年以上も前にトラストを設立した人物，もしくはその末裔であり，資本の「大帝国」を樹立している。彼らは産業資本を離れ金融資本，もしくは同族持株会社の奥深くに隠れ，日常業務はそれぞれの経営者に任せ，形式的責任も彼らにゆだねている。「経営者支配」論は，支配の真の性質を覆い隠す俸給経営者の外見をそのまま承認したものである。

またバランとスウィージーはマルクス主義の視角に立ちながら，上述の伝統的マルクス学派の批判とは違った視点から所論を展開した。彼らによれば，
① 企業支配権はいまや経営者にあり，彼らは自己増殖的に自らの後継者を養成している。その力の源泉は新株発行を中心とする直接金融による資金の内部調達力にある。
② 経営者層は「経営者支配」論のいうような中立的存在ではまったくなく，「資産階級の中の，もっとも活動的で影響力の大きな部分」であり「有力な枝隊」を形成している。

とし，会社および経営者の株主や金融機関からの独立を認め，「経営者支配」論の一部を容認し，そのうえで会社，経営者による株主利益の極大化志向という資本の論理の貫徹を主張している。

これらのマルクス主義学派からの批判は，利潤追求至上という企業目的が貫徹していた，という分析においては正確なものであるといわなければならない。資本主義と企業経営者の社会にとって好ましい変化，という「経営者支配」論者の期待にそむき，現代においても利潤を追求する経営者の姿と，資本の論理貫徹の様相はさして変わりはない。確かに古典的「資本家」のような具体的人格は見えにくくなったが，それをして「資本主義は変質した」「経営者の役割が変わった」とするのは非論理的であろう。
　と同時にこれらのマルクス主義学派からの批判は，社会主義国の現実的成立を背景とした大恐慌後の体制間対立など1930年代以降の時代相が色濃く反映し，体制選択を迫る政治的主張も込められており，それを割り引いて考えなければならない点もある。またこれらの批判には金融資本による融資を通じた産業支配という構図があるが，現代的な問題として考えるならば，資本調達市場としての株式市場が整備され，株式投資の大衆化，大規模化によって直接金融が盛んになり，金融機関の影響力が相対的に低下している状況との違いも考慮されなければならない。

第3節　問題の所在

　以上「経営者支配」論の系譜について概観したが，コーポレートガバナンスの理論を構築するにあたって，「経営者支配」論が現代大規模公開会社について「資本の論理の貫徹」を否定し，それゆえ企業目的の変化を主張していることについて，その適否をまず検討したい。
　株式分散と職業的経営者の出現を基礎とする所有と支配の分離によって「経営者支配」が現出し，それゆえ目的が株主価値の極大化から離れたとするのが，「経営者支配」論，いわゆるマネジリアリズムの共通した立場であるが，はたしてそれは事実であるのか，支配的株式所有の背景を持たす企業を支配する経営者は，利潤追求から自由になりえているのか，全ての企業に競争という圧力がかかる中で，いわば強制されたものとしての企業の資本運動はほぼ同じような外観であるが，それでも「株主価値の極大化」という企業目的が変わったとすることが正しい見方であるかについても検討されなければならない。

また，経済学，経営学の成果を踏まえた法学的研究によって，現代大規模公開会社における経営者の問題行動をどう法律的に掣肘するかという点について，コーポレートガバナンスの視点からさらに検討を深める必要がある。はたして支配は実際に経営者の手に渡っており，株主はその支配から離れているのか。そうであれば法律的な所有権との関係性をどう理論的に整合させるのか，現実を反映した立法論としてのコーポレートガバナンスはいかにあるべきか，本稿はこれらについても考察する。

　そして法学的な検討を加えるにあたって，その基礎となる「株式会社社団説」，「株主社員権説」，「法人擬制説」という通説の流れと，「株式会社財団説」，「株主債権説」，「法人実在説」という少数説にも検討を加える。

　「所有と支配の分離」は，当然のことながら株式市場の存在を前提としている。ケインズは株式市場について「企業の中に固定されている資本設備には直接手を触れずに，それが将来生み出す利潤に対する所有権を商品として売り買いする市場」[26]と述べている。このようにかつては企業の株式を所有するということは，その資本設備から生まれる将来の利潤を受け取る権利を持つことであった。しかし現在では，この媒介としての株式が商品化され，実体としての資本設備の収益性とは独立して投機の対象になり，その価格が逆に経済の実体たる設備投資などに影響を及ぼしている。

　このような株式における実体と媒介という伝統的な二分法の崩壊は，所有と支配という「経営者支配」論における二分法の崩壊にもつながっている。資本設備から生まれる将来利潤を目的として株式を所有した株主は，株式市場の出現によって，支配という所有の本質的属性から離れ，企業の予想利潤とは乖離した値上がり，もしくは値下がり予想の無限級数的な累積[27]の中で売買を決定している。株式投資の効率化と資本集中の社会化のために導入された株式市場が，株式を実体から遊離させ，独自の動きをせざるを得なくなることによって実体経済に新たな不安定性を与えてしまう，ということこそ

---

(26)　ケインズ『雇用・利子および貨幣の一般理論』（1936）　第12章。

(27)　株を買う場合，値上がりを期待して買うのはもちろんであるが，値上がりは他の投資家が値上がりを予測して買うことに起因する。その「他の投資家」もそのまた『他の投資家』が値上がりを予測して買っていることになる。これらの無限連鎖の中で株価が形成される。

ケインズが「一般理論」の 12 章で指摘したパラドックスであり，21 世紀の世界資本主義の歩む隘路であろう。

　現代における「所有と支配の分離」とそれを取り巻く状況は，バーリーとミーンズの時代から大きく変質している。上述のごとく収益を求めるための所有であったものが，高株価とキャッシュアウトのためのものとなり，「経営者支配」もストックオプションをインセンティブにしたものに変質している。さらに一定以上の株式数売買の場合，株式に付加される会社支配権の価格をめぐる問題も TOB とそれに対する防御策という法的問題として 80 年代以降アメリカで議論されてきた。

　大規模公開会社の所有と支配を媒介する株式の意義に関する法学的考察は私見によれば不足しており，その検討も本編の課題である。

第2章　株式会社理論の検討

第1節　所有と所有権

1　所有権概念の成立

　近代的な「所有」という概念は，中世の土地所有に見られるような，上層下層の封建的重層的支配と，入会地などの共同体所有概念の解体によって成立し，社会構成員全員の個人を主体とした「一物一権」の原則の上にたつ概念として存在する。法的に自由，平等，独立の人格が，排他的に物を支配する権利としての個人所有制の確立こそが，近代資本主義の基礎であった。近代国家では，法律で人の権利義務を定め，自然人は出生と同時に権利を認められ義務を課される[28]。

　この個人を主体とした近代的所有権の上に，脚注(1)の制度派経済学についての説明で見たような人間の本能に発する自然発生的な商品生産と，それにともなった社会的分業が成立する。さらにそれが経済的制度として確立し，法がそれを承認するに至る。

　制度派経済学の開祖といわれるヴェブレンは「たとえば慣習法のような制度的要素は必然的にゆっくり成長するものである。市民権の体系は，単に，その刺激の衝撃を受けて発動するというような，刺激に対する習慣的反応のつりあいの取れた組織なのではない。それは同時に，公然たる一般の賛同という承認をもつ組織であって，これらの制度的諸要素を非常に古い慣行の事実として，あるいははじめから事物の性質に完全に固有のものとして評価しながら，現れてくるものである。」[29]と述べている。

---

[28]　民法1条の3。

2　貨幣における「所有」の分裂

本質的な所有概念と法律的な「所有権」とは，上で見たような来歴によりその内容が矛盾する場合が生ずる。川島武宜氏によれば，所有権は「自由にその所有物の使用，収益および処分をなす権利」とされている[30]。そしてこれは日本のみならず，資本主義諸国における民法の通説となっている。ところがこの定義では，貨幣は例外扱いとせざるを得ない。流通の手段としての貨幣は使用すなわち処分であり，その処分も交換による処分と貸付による処分では，所有を巡る本質的性格が違うと考えられる。

たとえば会社における借入金の場合，会社は貸し手から金銭を借りているのであって，本来的な意味での「所有」の移転はない。貸付金の本来的な「所有」は，一定期間後に返済と利子とを要求する権利，すなわち債権という形で貸し手の側に残っている。借入した会社は所有に基づくことなしに，一定期間金銭を支配することになる。借入金貨幣の法律的な所有権は会社に移行し，貸し手は請求権たる債権を所有する。借入金を以ってまかなわれる会社の生産設備の所有権も会社に存する。本来の「所有」はここにおいて二つの権利，すなわち債権と法的所有権に分裂する。会社は弁済する義務を負うことを条件に，借り入れた金銭を支配する。（もっとも返済可能とみなされることは，一般には会社もしくはその保証人の資産，もしくは提出された担保など「所有」が当てにされており，そこを強調すれば商品における「所有」と共通の考え方も可能だが。）「支配」は一般に，ある主体がある対象を自己の意思に服させることをいうが，その対象が物である場合には，「所有」「占有」と同義語である。

このように本来的な所有の概念の意味するところと所有権とは，場合によって定義範囲が異なり，それは貨幣という一般的等価物の場合に典型的に

---

(29) T. Veblen "The Instinct of Workmanship and the State of the Industrial Arts" 1914, 松尾博訳『ヴェブレン　経済的文明論―職人的本能と産業技術の発展―』ミネルヴァ書房（1997）275 ページ。

(30) 川島武宜『所有権法の理論』岩波書店（1949）172 ページ。

露呈する。そのことは社会の発展と複雑化に伴った所有権概念の発展の過程で,貨幣という例外的に扱うべき商品が出現したというべきであろう。(歴史的には所有権概念より貨幣の出現の方がはるかに早いのだが。)

3 貨幣商品説

経済学の一カテゴリーである貨幣論では,ヨーロッパ中世のスコラ哲学者による君主の貨幣改鋳に対する批判に始まる創生期以来,「貨幣商品説(Commodity Theory of Money)」と「貨幣法制説(Cartal Theory of Money)」とが対立して争われている。貨幣商品説は,貨幣は価値を有する商品として出現し,経済の発展とともに交換過程で一般的等価物,あるいは交換手段として認知されてきたという主張である。それに対して貨幣法制説は,貨幣の起源を国家の法律,支配者の勅令,あるいは共同体の取り決めに求める考え方である。この論争は現在も行われているが,「古典派経済学の貨幣理論においては,貨幣商品説はまさにその絶対的な定説の位置をしめるようにまでなっ」[31]ている。

上に見たように貨幣においては一般的交換価値という本来の使用価値のほかに,貨幣が貸付資本として流通することにより,利子所得生成という追加的使用価値=資本機能が生まれると考えられる。この資本機能が,独立した商品として譲渡の対象となり,貸付資本として会社に貸し付けられ,本来の「所有」者は対価として利子を受け取る。つまり本来の資本「所有」から,法的所有権と利子獲得という資本機能とが分裂するのであるが,資本機能の発現には貨幣の占有が移転されなければならない。法的な貨幣の所有権は貨幣の占有に付随するので,「会社自身」が貨幣の所有者となり,貸し手の所有は債権の形態をとる。債権は,利子獲得機能という貸付資本の資本機能が分離した後の本来の「所有」である,ということは法的表現においては明確ではない。しかし資本が,社会的生産の発展に応じて,自らの能力を最大限に活用,社会化する過程で,機能分化を通じて本来有する機能の一部を発展外部化させ,その意味ではそれまでの意味内容を自己否定していく現象,という

---

(31) 岩井克人『貨幣論』筑摩書房 (1993) 84 ページ。

べきであろう。これと同様に考えられる経営外部化の現象が株式に見られ，それが所有と経営の分離の基盤になる，という論理展開が考えられる。

4　信用の創造と発展

　近代的信用，すなわち貸借とは，形式的には他日の給付を期待して財貨をゆだねる関係であろう。信用は返済の意志への信頼であるとよく言われるが，その返済を保証するものは，近代においては貸し手があらかじめ何かを借り手から取り上げておくことではなく，自由な合意，すなわち契約にのみ基づく義務である。契約に基づく給付請求権の一般的形態は債権である。信用が私的所有にともなう古来からの経済行為の発展形態でありながら，それが自由で相対的な契約に基づく債権関係として現象するのが近代的信用の法的特徴である。そして契約を取り巻く社会全体のキリスト教的倫理観，あるいはドイツ観念論的な「契約は守られなければならぬ」という規範意識に支えられて，これらの信用が社会的に承認，遵守される。さらに債権をより保証するものとして担保物権制度が整備され，その中でも中世的な事実的支配に依拠する留置権よりも，近代における観念的支配形態たる抵当権や，有価証券の質権（権利質）がより重要になる。

5　「新商品」としての株式の創造

　社会的生産の発展が，個別企業における固定資本増大の必要性として結果したとき，その資本集中の手段として，利息付債権だけでは，もはや社会的にまでなった生産の旺盛な資金需要に対応できない。借り手たる大規模公開企業は多額の長期的貸付を必要とするが，貸し手すなわち貸付資本は必ずしも長期的に資金を手放せない。

　これに対して零細な資金をプールし，短期性の資金を長期性の貸付資金に編成する銀行機能が問題の一部を解決し，同時に巨額の設備資金，緊急時の運転資金の貸付を通じて，個別資本への支配を強めていく。しかしこのような利息付債権は，当然のことながら返済義務があり，そのうえ利益が上がらなくても利息を払わなければならない，という借り手側の負担がある。
それを解決する手段として株式が登場する。株式による資本は，返済の負担がなく，利益が上がらなければ配当を行わなくてもよい自己資本であり，出

資者の側からしても，経営機能が外部化されながら総会における議決権が制度的に確保されることによって，貨幣資本が現実資本を支配することが保証されている。また会社法制も時代を経るに従って特許主義から免許主義，さらには準則主義へと移行し，営業と競争の自由が確立された。そのことが株式投資のリスクを以前に比べて軽減しており，より投資環境が整備されたといえる。

最も重要なことは，株式において，会社の持分権としての個人的分散的な資金が，ひとつの現実個別資本として集中結実したということ，さらにそれぞれの貨幣資本が本来有していた支配―経営機能を，会社機関という外部に委託したことである。株式は，このように二重の意味で従来の私的所有概念からの乖離，飛躍が行われ，社会的生産様式に対応する資本集中手段としての貸付資本を上回る画期的な新商品として登場した。株式による会社所有は，経営の負担を担わない所有となり，それゆえ株式は自由に譲渡することができる。したがって株式には，上で見たような貸付資本の場合と同様の本来的な所有と所有権の乖離が，より発展した形態でみられるのである。

6 株式自身に内包される「経営者支配」

株式の創造にともない，株主の権利を保障するための議決権を実行する場としての株主総会や，その他のモニタリング機能が設定された。

しかしその後の社会における企業の地位向上，さらに支配―経営機能を握る専門経営者の，社会的地位の向上と発言権の増大によって，当初に比して相対的に株主の地位は低下した。さらに授権資本制度，無額面株式制度など取締役会の裁量の幅を広め，一般零細株主の権利を奪うような法制化が行われ，同時に株主の新株引受権，株主平等の原則などが後退した。

株式所有において，会社の本質的「所有」は株主に存するとしても，会社資産の法的所有権は会社自身たる法人に移行する，そして意志を持たない「会社自身」の法的所有権ゆえに，法的所有権にともなう実際の決定権限は自然人の代表取締役やその集合体たる取締役会に移行し，「経営者支配の確立」という実態となる。このような「所有」と所有権の乖離，貨幣の利子生み資本化，そして株式の誕生，株式所有に本来ともなう支配―経営機能の会社機関への譲り渡し，という一連の資本形態の発展過程にこそ「経営者支配」の

本質的構造基盤がある。

7　資本運動における「経営者支配」の位置

もちろん一企業の活動は経済学的には個別資本の活動としてあり，その個別資本は純粋な利潤目的資本たる自己資本と，利子目的資本たる他人資本とに分かれる。他人資本は原理的には，自己資本に活用されて個別資本運動，すなわち企業活動の一翼を担うに過ぎない。その意味では自己資本が，利潤追求の意志を企業活動を通じて追求する「機能資本」であるのに対して，他人資本はいわば物言わぬ「無機能資本」と分類される。

この場合機能資本たる自己資本は，本来はその企業活動を通じて利潤を追求するものであるから，その企業に固定されるべきものであり，「出資」の本来的意味からも移動を前提としていない。しかし資本の更なる集中を目的とした株式市場の出現により，拠出した資本の任意の回収を願う資本も登場，動員される[32]。

株式会社における資本は，登場した当初の段階では，合名，合資会社のごとく，支配機能を持ちながら求めに応じてこれを他に委任する資本であった。ところが株式市場の発展によって，経営を全面的に委任する資本が増加し，資本の総量が膨張すると，零細株主の株式に付随する支配機能は委任されるのではなく，委任せざるを得なくなる。さらに委任せざるを得ない状況を承認して資本が集まることにより，支配権はより経営者に集中する。ここに自己資本は，「機能資本の一部無機能化」という段階を迎える。経済学的には，この自己資本の一部もしくは全部の無機能化を通じて「経営者支配」が出現する，と考えられる。

8　「所有」と所有権の乖離

「所有」と法的所有権の乖離と，それゆえの問題発生のパターンは，たとえば社会主義国における国有化の概念の問題においても見られる。生産手段の国有化は社会主義理論においては，人民による社会主義的な本質的所有，す

---

[32]　この資本の分類については，貞松茂『株式会社支配の研究』ミネルヴァ書房(1994) 4ページを参考としている。

なわち直接的生産者が意思決定に参加して所有権を現実的に行使するという，支配を含めた文脈で語られた。そこでは直接的生産者が決定に現実に関与し，それゆえ疎外とは無縁のあるべき関係が現出するとされた。しかし現実の社会主義国においては，国有化によって生産手段の法的所有権が国に移っただけで，「所有」にともなう実質的支配権は，現場の労働者ではなく国に移った。それゆえ生産手段は本質的な「所有」者たる人民のものにはなっておらず，それが国有化ののちも搾取や抑圧が存在するという，当初意図されていなかった結果に逢着した理由であろう。

このように「所有」が法的所有権にひきつけられて理解されることは，「所有」の本質が見えなくなるという意味において大変危険であり，株主による会社所有についても，その実態的支配を指標として検討されねばならない。動態的所有とも言うべき現実の資本運動の分析と，それにともない発生する経営的諸問題決定権が誰に帰属するかという問題として，会社の支配，そして「所有」を検討するべきであると思われる。法律的な所有権論ではなく，意思決定を誰が行うのか，誰が会社を支配管理しているのかという問題としても「所有」を考えたい。

第2節　株式会社制度の成立

1　会社制度の沿革

株式会社は，会社の大規模化と必要資本総額の増大に対応した零細資本の集中のための資本の結合形態，ととらえることには異論はないだろう。それゆえ誰がどんな形で出資し結合されたかが検討，分析の課題となり，これまでも経営学の企業形態論や資本調達論でその問題が扱われてきた。

資本結合の基本形態は中世ヨーロッパにまでさかのぼることができる。コンメンダ（commennda）とソキエタス（societas）がそれであり，のちに合資会社，合名会社と制度化されていく[33]。

最古の会社形態である合名会社は中世ヨーロッパの内陸都市における共同企業であった。合名会社においては，複数の出資者が資本を出資，結合して，

---

[33]　山本政一『企業形態論序説（改訂版）』千倉書房（1982）5ページ。

資本規模拡大の要請に対応したのである。出資者は直接経営に参加し，無限責任を負った。要するに個人企業の単純合計のような形態である。

また合資会社は中世イタリアのヴェネツィアやジェノバといった海岸商業都市において成立，発展した。合資会社は，合名会社の資本形態に加えて有限責任の出資者を新たに加えることによって，より以上の資本集中を図ろうとする工夫であり，合名会社と違って無限責任社員のみが経営にあたることとなっていた。

さらに発達した形態である有限会社は，ドイツにおける有限会社法の制定（1892年）によって初めて歴史に登場した。それゆえ株式会社より歴史的には新しい。わが国では有限会社法は1938年に制定された。
有限会社は出資額を限度とする有限責任社員のみで構成され，「会社自体の財産を媒介とした間接的な負担」[34]というかたちをとる（間接有限責任の原則）。ここでは有限責任社員のみが存在するのであるから，無限責任社員の危険負担能力の限界から資本集中に課される制約はない。しかし持分譲渡が制限されていること，持分の有価証券化が認められていないことなどの資本集中と株式移動上の制約が依然残っている。

日本の有限会社は商法ではなく有限会社法によって規定されており，株式会社の複雑な機関（株主総会，取締役会等）の規定が簡易化されている。実質的には商法上の会社とかわりはないが，社員の数は50人以下に限定され，持分の譲渡も制限され，合名会社の特色が加味されている[35]。

これら株式会社以外の会社形態については，現在の日本において例外的な存在であり論考されることも少ないが，コーポレートガバナンスの見地からすると，公開会社を前提とする株式会社よりこれらの会社形態を選択すべきであると思われる株式会社も多い。とりわけ現在の日本の株式会社においては，定款に譲渡制限を付すことによって，公開を前提とする株式会社であるのにもかかわらず，実質的に閉鎖会社となっているものが数量的には大半である。また株式会社の公示広告制度も，罰則規定がないこともあり空洞化し

---

(34) 植竹晃久『企業形態論―資本集中組織の研究』中央経済社（1984）47ページ。
(35) 岸田雅雄『ゼミナール会社法入門』日本経済新聞社（2000）41ページを参考としている。

ている。逆にベンチャー的企業については，株式会社の1,000万円の最低資本金規定がネックになり，開業を困難にしている側面もある。廃業率が企業率を上回る現在，起業支援は急務であるが，この最低資本金の引下げは財源の要らない起業支援策であるのに，上述の株式会社の外形的必要条件によって阻まれている。

現実的にはそれが適切であるのに，株式会社以外のこれら3形態の会社制度が選択されない理由は，外見的に株式会社に比べて見劣りがするという点に尽きると思われる。そうであれば合資株式会社，合名株式会社，有限株式会社などと改称し，対外的には株式会社という名称を使用してよいことに会社法制を再構成し，対外的にハンディがないようにすることが適切ではないだろうか。

2 株式会社の出現

世界最初の株式会社は1602年に設立されたオランダ東インド会社である。大航海時代に入って，ヨーロッパでは香辛料貿易，東洋貿易が盛んとなり，そのための小さな貿易会社が多数設立された。これらは現在の合名会社，合資会社に類似した形態であり，商人が共同出資して無限責任社員となり，航海後利益を分け合うという文字どおりベンチャービジネスであった。

しかしこのような会社が乱立してそれぞれの会社の利潤率が傾向的に低下し，また膨大な資金が必要かつリスクも大きいということで無限責任を負う出資者が不足するに至った。そこで1600年，イギリスではエリザベス1世の特許状を得て，東洋貿易の一手独占権を有する東インド会社が設立された。1602年，これに対抗してオランダで同様の特権を与えられ，10倍の資本額で設立されたのがオランダ東インド会社であった。

このオランダ東インド会社において，出資者全員が有限責任社員で構成される株式会社がはじめて歴史に姿をあらわし，社員の無限責任は解除されるに至った。1662年にはイギリス東インド会社も株式会社となった。しかしこの時代の株式会社は国家の特許状に基づいて設立されたのであり，免許主義による株式会社の設立は1807年のフランスのナポレオン商法典によるものまで待たねばならなかった。

さらに1800年代中葉において全盛となる産業革命の時代において，株式

会社の設立が容易になり(36)，まず鉄道業，そして資本必要額が大きい一般産業で株式会社制度が利用され，株式会社制度は近代資本主義経済確立の要となった。

　日本において株式会社が設立されたのは1889(明治2)年，東京，大阪，京都や開港場8ヶ所に政府が設立させた通商会社と為替会社であるとされる。しかしこれらはいずれも不完全な株式会社であり，本格的な株式会社は1873年の国立銀行が最初である。この後153行の国立銀行が設立され，1876年以降，民間銀行も株式会社形態で設立された。1893年には商法が公布され，株式会社について免許主義を採用し，許可制ではあるが一定の要件を満たしたものに株式会社設立が可能となった。続いて1899年の現行商法制定時には準則主義が採用され，要件を満たして届出さえすれば株式会社の設立が可能となった。

　日本の会社法の沿革を考えると，戦前はドイツ商法の影響を大きく受け，株主の支配権を絶対視し，取締役は株主でなければならないなど，所有と支配は一致していた。しかし戦後，アメリカ会社法の影響を大きく受けるにいたり，1950年には商法が大改正された。代表取締役と取締役会など，会社機関が制度化され，業務執行権限が株主からそれらの会社機関に受託された。これによって，今日のコーポレートガバナンスの原点たる「所有と経営の分離」が法制度として登場する。また取締役の権限強化のために，授権株式制や資本準備金，利益準備金の制度も新たに設けられた。

　株式会社の「形態的特質」を大塚久雄氏は，①全社員（すなわち株主）の有限責任性，②会社機関の存在，③譲渡自由な等額株式制，④限定資本金制と永続性，に求め，特に①を「決定的指標」として重視している(37)。すなわち有限責任であるから，株主は出資額（引き受けた株式金額）を限度として，そ

---

(36)　しかし現在のような準則主義になったのは，イギリス，フランス，ドイツにおいても19世紀後半のことである。むしろアメリカにおいて1811年，ニューヨーク州の一般会社法が先んじて準則主義を採用している（岸田雅雄・前掲書48ページ）。規制緩和とその後の発展について示唆しており，わが国の現状と照らし合わせると興味深い。

(37)　大塚久雄『株式会社発生史論（上）―近代個別資本の歴史的研究　第1部』中央公論社（1950）16ページ。

29

れ以上は会社債務に対して責任を負わないという点である。確かに株式会社における株主の責任が有限であるからこそ、企業家は果敢にリスクを犯してまで成功を目指し挑戦を行う。

しかし私見では、大塚久雄氏の分類において、コーポレートガバナンスとの関連で現代的に一番重要な特質は、③の譲渡自由な等額株式制、であると思われる。有限会社との違いでみたごとく、本来的にその企業に固定されるべき出資としての株式が譲渡自由になることは、零細資本の少額多数集中により、自己資本の無機能化を招くことになる。それが支配の集中、経営者支配を招くのである。それゆえ①の有限責任で資本の集中と結合を強固にする点と同様、現代における株式会社分析の視点からは③が重要である。

ここに「資本と支配の集中→会社機関」、なかんずく「取締役会への権限集中→機能資本家もしくは職業的経営者の支配」、という図式が完成する。

3　株式会社の外形的法規定

株式会社の企業存続と、企業債務弁済の唯一の財産的基礎は会社財産である。そこで会社債権者を守るためにも、法体系では会社の存続と社会の法的安定性維持を目的とする工夫がなされている。

まず法律的に株式会社は「営利を目的とする社団法人」と規定されている[38]。そして会社は、営利を目的として自ら契約を結ぶことができ、さらに財産所有者や債務者となりうるように法が権利・義務能力（権利能力）を与えている。自然人以外の団体、すなわち社団たる会社にも、取引における法律関係を単純化し、経済活動を円滑化するために法律上の主体となる資格を与えたのである。

その上で会社債権者の地位を保証するために、最低限の会社財産を確保する「資本」という制度が会社法に導入されている[39]。そして資本金額は株主の有限責任原則に従って、基本的には株主が出資した総額で定まる[40]。こ

---

(38)　法律は、法人となりうる団体を、営利を目的とする社団と公益を目的とする社団に限定している。（民法 34 条・35 条、商法 52 条）
(39)　会社法では資本とは資本金だけを意味するが、会計学では資本金と法定準備金、剰余金を合わせたものをいう。
(40)　時価発行増資の場合は、額面を上回る金額の半分が資本準備金となる。

れに対して合名会社や合資会社は債権者が社員の個人的財産まで差し押さえることができるので「資本」の概念が成立しない。

株式会社では資本について，資本確定の原則（資本金額を定款に記載し，資本総額にあたる株式の引受が確定していることを必要とする原則），資本充実維持の原則（会社は常に資本の額に相当する現実の財産を保有しなければならない，株主は会社に対して自分の出資金の払い戻しを求められないという原則），資本減少制限の原則（資本減少には厳重な法的手続きを要するという原則）が採用され，諸法規が定められている。

それゆえ株主に配当が行われるのは，会社の純資産額が資本額を超過する場合，すなわち配当可能利益が存在する場合に限定される。

4　株式会社財団説

法人は「法が作った人」であるのに対して，自然人は文字通り生物学的な固体である。その自然人が社会生活を営む過程で，共通の目的で集まった集団を「社団」といい，団体としての組織，機構を備えていることが要件となる。さらにその集団の構成員を社員と呼ぶ。そして法律上の一定の要件を満たす社団には権利能力を認め，権利義務の主体として扱うことになり，「社団法人」と名づけられた。

株式会社は株主を構成員とする「社団」として措定されている。また営利を目的とする社団法人でもある。「社団」とは「共同の目的を有する複数人の結合体，すなわち人の団体」である。それゆえ株式会社が社団性を有していることは疑いないが，株主は相互には何の人的関係も前提としていない。また公開会社の場合，株主は常時交代しているのであって，結合されているのは資本である。

「株式会社財団説」[41]はこれを主たる論拠とし，所有と経営の分離，株主総会の形骸化などに着目し，株式会社は人的結合といえず物的結合であるとし，その本質を株主によって構成される社団ではなく株式資本をもって構成される営利財団法人であると論じた。

この説では，株式引受は出資という単なる債権契約であり，株式は利益配

---

(41)　たとえば八木弘『株式会社財団論・株式会社法の財団的構成』有斐閣（1963）。

当を受けるための純然たる金銭債権だ、とされている。確かに現在の株主権は、先に見たような所有の本来的性格と比べると、その収益、処分に関する権限を外部化されたことにより、本来的な「所有」とは認めにくい現実がある。株式会社を巡る所有と経営の分離によって、株主権を所有権と考えにくい傾向が近年顕著であることは確かであるし、そのような傾向の実態分析も本質把握に必要な切り口ではある。

　しかし、それらの現代的傾向をもって、中小企業、伝統的企業を含めた株式会社全体の理論的構成をも変えなければならない変化があった、とまで言うべきではないだろう。「経営者支配」型の大規模公開企業においても、株主の意向は軽視されてはいるが、「株式会社財団説」を構成するほどに無視されているともいえない。それゆえ人的側面を軽視し、資本の結合体としての側面のみを強調する見解といわねばならない。また現行法の財団法人は、設定者の決定した根本規則に基づいて理事が活動するに過ぎず、社団法人と異なりその活動を自主的に決定する機関はなく、財団法人の寄付行為はこれを変更できないことなどからすれば、株式会社財団説は解釈上無理があるのではないだろうか[42]。

5　会 社 機 関

　株主が会社に対して有する法律上の地位（株主権）は株式と呼ばれるが、それは株券という有価証券に媒介され、譲渡が原則的に自由である。また株式は均等に分割された持分の形式をとっており、同時に複数単位の所有が可能である。この譲渡自由な等額株式制によって株式市場が構成され、株主はいつでも時価でその投下資本の回収ができる。しかもこの株主移転は、実際の企業における資本運動には何ら影響を与えない。また株式は、前節で見たごとく、単位株式のかたちをとることにより零細な資金保有者の出資を可能にし、広範な大衆の株式市場への参加と遊休零細資本の動員と集中とを現実化した。

　株式会社において法が想定している意思決定と支配の主体は、合名会社、合資会社の場合ほど明確ではない。株主は全員有限責任社員であり、しかも

---

(42)　加美和照『新訂会社法（第六版）』勁草書房（1998）32 ページ。

株主は株式譲渡が自由であることから，常に流動している。そのため会社の日常の意思決定と支配のために株主総会以外にも会社機関が置かれている。会社機関とは，①基準日に固定された株主全員によって構成され，最高決議機関として重要事項を議決する株主総会，②株主総会で選任された取締役と監査役で構成され，重要な業務執行に関する決定を行う取締役会，③取締役会で専任され，業務執行を行う代表取締役，④業務監査，会計監査を行う監査役，で主要に構成されている。その他の会社機関として，監査役とは別に会計監査を行う会計監査人（監査法人，公認会計士），法的に設置を必要とされるものではないが社長の諮問機関としての常務会などがある。

近年にはアメリカの制度を導入して，会社の業務執行とは独立した社外取締役を参加させる取締役会を設置し，それとは別に社内の経営的業務執行，管理を担当する執行役員で構成する経営会議を置く企業もある。しかし，執行役員，経営会議とも法的根拠はなく，法的責任と義務について取締役，取締役会との関係において議論がある。

このように株式会社の意思決定は，合名会社，合資会社の場合と異なり自然人ではなく会社機関が行う建前となっており，合名会社，合資会社の場合と違って属人的要素がほとんどなくなっている。

6　会社機関の空洞化

現代において会社機関の存在は，実際の資本運動，会社運営について不可欠のものではないというべきであろう。むしろ会社機関は，現実の資本運動，会社運営を事後的に追認し，経営者の法的正当性を確認する機関として機能している。日々の現実の資本運動に不可欠なものは，経営者とそれに連なる経営管理者であり，株主総会をはじめとする会社機関ではない，といえよう。

株主総会は，現在では多様になった株主の意思を経営者の意志に即して統一的であるように擬制する役割を持つ，といえよう。取締役会で候補を決定し，株主総会で選出された取締役で構成された取締役会は，代表取締役の業務執行を監視するというよりは，多岐にわたる企業の業務執行の報告会，事後承認の場になっている。

また監査役も法的に現実の業務執行から遠ざけられており，任免権が実態として経営者に握られていることもあって，本来企図された機能を発揮でき

る状態にない。

　日常の業務執行に関する重要決定と監視とを義務とする取締役会であるが，それが紛糾し，多数決で原案が否定されるということはほとんどなく，あればクーデターとしてセンセーショナルに伝聞されるほどである。

7　会社機関の機能改善

　会社機関の空洞化を改善せんとする近年の取締役会の少人数化と，外部取締役の招聘，執行役員の設置も，株主の意向を反映するという見地から行われていると考えられるケースは少数にとどまっている。ほとんどのケースは，経営的意思決定の効率化を図っているに過ぎないと思われ，再編成に伴って役員層のリストラを狙っていると考えられる場合すらある。

　会社機関の空洞化は，株主の経営参加の機会を奪い，それゆえ「所有と支配の分離」「経営者支配」の基礎となっている。しかし，会社機関が本来経営監視機構として想定されたことを考えれば，会社機関の空洞化は必然ともいえる。なぜならば，経営監視機構はモニタリングシステムであり，現実の日々の資本運動に不可欠とまではいえない存在であるから，経営者が実権を掌握した時点で，自分に対するそのような監視機関を無力化しようとすることは十分考えられるからである。また，それらの監視機関を廃止する権限はともかく，無力化する取締役・監査役候補者指名権などの権限を，法制度的に取締役会に与えてしまっている。

　経営者を監視する機関を経営者が実権を掌握している会社内に置き，実効を求めることは，以上のように論理的にも難しい。違法，脱法については税務署，労働基準監督署のような社外行政機関が監視するか，経済警察的なものの設置を検討すべきである。また株主による経営監視機能の強化については，立法化によるディスクロージャーの徹底，株主総会のネット上での開催などの立法措置で解決すべきであろう。

　無論株式会社はそれ自身自主自立的なものであるべきであり，その内部問題の解決を外部的な経済警察的なものに全面的にゆだねることは問題がある。また取締役，監査役についてもそのような社内不祥事といわれるものについて，あらかじめ予測する能力，予防する能力も期待されて当然である。しかし，近時の会社に関わる事件を概観すると，株主に対する利益供与事件な

どすでに市民社会の原則を逸脱した犯罪常習者によるもの，粉飾など代表取締役自身による犯罪も多く，市民社会の常識を前提として形成されている取締役会等の会社機関の自主規制では予防困難と思われるものもある。

それゆえ株式会社の不祥事予防機構については，原則的には社内的な体制としなければならないが，それだけでは不十分であり，今後は行政の問題として考えられなければならない。

8　株主権と所有権

株主は一般的には，株式会社の主権者，現実資本の所有者である，とされている。法律的にも株主は，「株式会社企業の出資者にしてその現実的な所有者であり，その最高の基本的意志決定機関である株主総会の構成員である。」[43]とされている。また株主総会は「本来，株式会社企業の出資者であり実質的所有者たる株主の集合体として，いわば制度的に分離されている所有と経営とを所有の次元から再統合する場として，その企業に関するあらゆる事項についての意思決定を行う最高かつ万能の必要的機関である」[44]と規定されている。

そして株式は，現実資本の固有的所有権を細分化したもので，株主は株式を通じて現実資本に対して一定割合の部分的所有権（持分権）を持つもの，と法的に想定されている。さらに第2節3で見たように，株式会社は株主が営利を目的として複数人の結合をして作った人的団体，すなわち社団法人である，と考えられる。

株式会社は法人格を与えられ，株主とは独立して活動し，会社資産を法的に所有する。しかし株式は会社の持分権であり，株式会社は本質的には株主が所有している，というのが法の建前であろう。

株式は社団法人たる株式会社と社員たる株主の間の法律関係を意味するものであるから，両者の権利義務[45]を包摂するのは当然であろう。権利義務

---

(43)　遠藤浩・川合健・酒巻俊夫・竹下守夫・中山和久編『民事法小辞典』一粒社（1982）72ページ。
(44)　同上。
(45)　株主の義務としてはその有する株式の引受価格を限度としての出資義務がある。（商法200条1項）。株主有限責任の原則からこれ以上の義務を負わせることはできな

が現実となるには株式の帰属者たる社員が必要である。この社員の地位に社員の権利義務（社員権，株主権）が定型化されて存する。

9　株主権についての議論

株主権の内容が何であるかについての学説には，古くは物権説や債権説があった。株式会社の本質が組合視された往時には，株主の権利が会社財産に対する共有持分であるという観点から，株主権を物権とする説が行われ，ついで，株式会社の社団法人性が自覚されたのちには，これを債権と見る説が行われた[46]。その後株主権を物権でも債権でもない独特の財産権であるとしたルノーの説はドイツで通説となった。

さらにその後通説となったレーゲルスベルガーの所説では，株式会社では企業資産は「法人格」を認められた「会社」によって所有されており，株主は会社資産に対して直接的権利を持つのではなく，間接的権利を有するとされている。すなわち株主総会の決定に参加する権利（いわゆる共益権），会社に対する利益配当請求権，残余財産分配請求権（いわゆる自益権）である。

さらに株主権が社員権であるという「株主社員権説」では，株式の実態を「企業所有権」としている。その主張では，企業の所有権の実質は個々の株主にあるが，現実の株式会社資本は単一個別資本として運動せねばならないがゆえに，矛盾を調整する法技術として，それを社団の社員関係に変形している，と規定した。さらに，会社の株式として集結した資本を一つの法人格として認め，株主を直ちに会社所有権者とせず，株主が社団を構成すると擬制し，その社団，すなわち株式会社に企業の所有権を帰属せしめる，とした。

そして株主が本来企業所有権に基づいて有する権利を社団構成員たる地位，すなわち株主権に置き換えて考えられている。その場合自益権は所有権の収益機能を，共益権は支配機能を代替するとされている。社員権には自益権，共益権のほか上記のごとく義務をも包摂するので社員権という語を用いず，「社員たる地位」と表現する場合もある。

　い。これを義務と捉えるかについては諸説ある。
(46)　上柳克郎・鴻常夫・竹内昭夫『新版注釈会社法第3巻　株式(1)』有斐閣（1987）を参考としている。

近年においては，株式の流通性と「株式会社財団説」で見たような株式の債権性に鑑み，より自益権を重視する方向で考えられており，その場合共益権は自益権の延長線上で行使されると考えられる。

これに対して株式を債権であるとする「株式債権説」も存在している。すなわち，公開会社の一般株主の地位は，「株式会社財団説」の主張成立の根拠で見たように，支配権を喪失し社債権者のそれに近づいているというべきであり，株式は単なる収益証券として流通しているとする論である。

これは現代における株主権の後退を過大評価する点で「株式会社財団説」と軌を一にしている。たしかに株主が債権者化する傾向は大企業において顕著であるが，伝統的企業，中小企業ではいまだ支配的傾向とは言いがたい。このような傾向をもって企業者株主を含めた全体的構成について変質したとするのは無理があろう。

第3節　株主の会社所有権の縮減

1　問題の所在

コーポレートガバナンス論においては，これまで大きく分けて二つの重要な事柄が論じられてきた。すなわち第一に，公開会社は誰のものであるかという問題であり，第二に会社の経営・管理機構はどうあるべきかという問題である[47]。そのうち前者は所有と支配にかかわる基本的な問題である。

さらに現在，アメリカを中心として行われている重要な議論として，会社は株主のものであるべきか（すなわち主権者は株主であるべきか），利害関係者（ステイクホルダー）全体のものであるべきかというものがある。これについては第4章「米国における議論」のなかで，コントラクタリアンとコミュニタリアンの論争の問題として，あるいはそれが判例に反映したタイム社事案の検討で後述する。

第2章第1節では，本来的な所有と法的所有権との分離に「所有と経営の分離」の理論的基盤があることをみた。第2節では会社法制自身にも，「所有

---

(47) 末永敏和「コーポレートガバナンス」ジュリスト No. 1155（1999）を参考にしている。

と経営の分離」の理論的根拠があることに言及した。

ここでは所有と所有権の乖離，会社法制の有する問題を前提として，「所有と経営の分離」の状況において，誰の権利が侵害され，その権利が誰にどの程度移行しているのか，その根拠とプロセスはどうなっているのか，について検討する。

2　会社所有者としての株主

従来，法律学では株主が企業資産の実質的所有者であるとする見解が通説であった。

大隅健一郎『新訂・会社法概説』(48)では「株式会社企業の実質的所有者は株主であるから，企業の支配権は究極において株主に属するのが当然である」としており，『会社法論・上巻』では「会社事業は法律的・形式的には法人たる会社の所有に属するが，経済的・実質的には株主の全体に属するのであって，株主はそれぞれ会社事業に付き一定の観念的な分け前を有し，その分け前に応じて会社事業から生ずる利益の分配に与り，また会社事業の支配に関与する権利を有するのである。……かような株主の権利がすなわち株主権に他ならないのであって，自益権も共益権もともにいわば所有権の変形物にほかならない。」としている。川島武宜氏は「株主の『自益権』は会社に対する債権として法的に構成されているとはいえ，また株主としての地位は経済上も債権的な性質を帯びるが，それにもかかわらず，実質的には優れて企業財産の持分なのである。そのことはいわゆる株式の売買を通じて会社の支配権の争奪が行われるという事実に，まがうかたなく明証されるのである。」と述べられている(49)。

この記述では株主が全面的，実質的に会社の所有者であるとまでは主張してないにせよ，株主の所有者としての側面が最大限主張されている。

しかし私見では，そのように考えると株主の本来の所有権内容の一部が「会社自身」に奪われ，経営者がその一部を獲得して実質的に会社を支配して

---

(48)　大隅健一郎「新訂・会社法概説」有斐閣（1975）102 ページ。
(49)　川島武宜「法的構成としての『法人』民法および商法のための基礎作業として」竹内昭夫編『現代商法学の課題（下）』有斐閣（1975）1334 ページ。

いる、という私の考える「経営者支配」の視角が出てこない。すなわち「経営者支配」を、本来的に株主に存する会社所有権の「会社自身」による縮減として理論的に説明できなくなる。以下では株主権たる株主の会社所有権の縮減と、その「会社自身」への移行を検討する。

3 株主の会社所有権の分析

株主は会社所有権の本旨たる「自由に使用、収益および処分をなす権利」を有しているか、を考察する。

この場合まず問題としなければならないのは、株主の出資の払戻しと企業利益の株主の配当による全面的取得の可否、である。合名会社・合資会社において株主は会社財産の所有、収益および処分の権利を、全社員の合意が前提とはいえ基本的に保持している。これに対して株式会社では、株主は自己の出資によって会社が所有した会社資産について、自己の意思だけで引き上げる権利を有しない。つまり株主の権利、すなわち会社所有権の一部たる払戻し権は個々の株主の手から離れ、法人たる会社に移っているのである。

また企業利益の分配についても、全株主の意思が仮に一致したとしても、配当可能利益の存在しないときに配当することは禁止されている[50]。本来配当として持分に応じた税引き後利益総額を手にすべき株主の会社所有権は縮減されているというべきであろう。法的には株主総会の議決に従って配当可能利益を分配することになっているが、全ての配当可能利益が自動的に株主に帰する合名会社・合資会社と違って、株式会社には内部留保の可能性が常に存在する。

内部留保も残余財産分配請求権を持つ株主のものであるから、株主の所有物である、という議論の可能性もあるが、そもそも合名会社・合資会社のように利益が自動的に分配されない時点で、株主の会社所有権の縮減があると解すべきであろう。株式市場で頻繁に入れ替わる株主の権利としての、永久的存続を想定される公開企業の解散時残余財産分配請求権は有名無実であると思われる。

上で見たように株主は共益権、自益権といわれるものを有しているが、そ

---

(50) 商法290条。

れは本来の所有権の縮減を補うものではない。合名会社・合資会社の株主が出資引上げ権を背景として強い発言権を有しているのと対照すべきであろう。

　個人会社を想定すれば明らかにそこに存在するであろう株主の会社所有権が，特に大規模公開会社においては上で見たごとく縮減し，実質的所有権の内実の多くが株主の手から離れている。生産の社会化，資本集約のための工夫としての公開会社では，専門的経営者に経営をゆだねるための当然の権限委譲とも解されるが，私見によれば，株主が実務上の必要を認めて会社に与えた限度を超えて会社，経営者の支配力は増殖しており，その分株主の所有権は縮減していると考えられる。

4　株主権の縮減

　ケインズの指摘として第1章第3節で見たように，株式市場の発達によって媒介としての株式が実態たる会社から離陸するという事態が，会社というシステムの株主権毀損による自己増殖機能をさらに加速させたと考えられる。

　利潤追求が株式会社における資本運動の基本的誘因であるとすれば，それ以上の利潤が会社業績から離陸した高株価によって得られる可能性があれば，会社に関するかつて想定されていた構造・枠組みが壊れるのは当然のことであり，それは会社法全体を揺るがすほどではないにせよ，公開会社における所有と支配の根本に対する認識を変えるほどの事態であることは疑いない。すなわち，経営者は企業経営の指標的数値の向上，とりわけ株価上昇が，企業買収・提携，土地や株式への投機などによってもたらされると感じた場合，本来的な任務たる利潤追求以上にこれに注力することがある。この場合，より投機的な企業運営が行われることになり株主利益に相反する。いわゆる「高株価経営」，「時価総額経営」は株主価値を高める経営という点において，株主志向と考えられがちであるが，本来株式会社制度において企図された利潤追求とは違うものであり，それゆえ株主の利益を損ねるものとせねばならない。

　また，ストックオプション，TOBとこれに対する防御策，日本的株式持合，創業者的経営者のキャッシュアウト，MBO，その他近年の法改正による変化などは，いずれも資本運動における利潤追求というよりは，経営者自身の利潤追求・地位保全運動と考えられる。それゆえ，株主権の立場からして権利

侵害，株主から経営者・会社への所得移転の可能性があり，法学的にそれらの手法の功罪と本質的意味を検討する必要がある。

5　あるべきコーポレートガバナンス

このような株主権縮減をくいとめるためには立法的な対応が必要であり，それ自身がコーポレートガバナンスに他ならない。コーポレートガバナンス確立のための第一歩は，上記のごとく株主の会社所有権が縮減されていることを理論的段階的に説明することであろう。そして第1節7でみたごとく，違法行為の監視機構を外在的に設置し，ディスクロージャーを立法的に徹底することによって，本格的なコーポレートガバナンスを確立せねばならない。その基本姿勢はもちろん，株主の縮減された所有権の回復にある。

この章の最初にみた，会社がステイクホルダーのものという議論は，この視点からは問題が多い。株主以外の諸関係者，具体的には労働者，取引先，地域住民らは，それぞれ労働関係諸法や雇用契約，民法や諸取引契約，環境諸法規や地方自治体の法令によって保護，拘束されている。また公共の利益に対しての会社の貢献は，富と雇用の創造と納税の義務をもってすることが「会社の本分」であろう。ステイクホルダーとの利害調整は，関係諸法規の改正によって図られるべきであろう。会社の経営方針，人事などについては，専一に経営者による経営判断が行われ，その結果について株主から厳しく責任が問われることが好ましいのではないだろうか。

6　日本的な株式持合

日本の大規模公開企業においては，アメリカに比しても，個人または一族の大株主が圧倒的な持株比率を有し会社を支配する，ということが非常に少ない。しかし，上位大株主の累積持株比率はアメリカに比べてはるかに高い。またわが国の大企業が，先進諸国に比して借入金比率が高いこともよく知られている。

それらの原因は，大規模公開企業間での株式の相互持合比率が高いということにある。つまり企業は相互に借入金で株式を購入し，持ち合っており，それが金利負担を増し，一株あたり利益を希薄化させ，アメリカに比して著しく株主資本利益率やROEが低い原因ともなっている。日本における株式

持合は，1960年代の半ばから1970年代にかけて段階的に進められた資本自由化への対抗策として進行した。外国の資本が日本企業を乗っ取ることを危惧した産業界の要請にしたがって，1964年には商法280条の2が改正され，特定の第三者への割当増資が取締役会の決議でできるようになり，この第三者割当増資を利用した安定株主工作，株式持合が進行した。

　株式の持合は出資という面において単に金銭の交換に過ぎず，この分だけ資本金と現実の資本運動に必要な会社資産は乖離することになる[51]。すなわち実質的に商法上の資本充実・維持の原則に違背する可能性がある。

　そのことにより1株当りの利益も稀薄化し，本来的出資者の配当取得権が侵害されている。商法210条は自己株式の取得・質請を禁じているが，株式の持合は経営者同士の相互信任[52]によって，実質的に自己株式取得に近い効果を発揮している。このような持合はアメリカを除く先進国では禁止もしくは制限されているものである。

　この相互信任が行われると，経営者は交換で持合株の株主総会委任状を得ることにより，実質的に持合株分の株主の地位を得る。株主権，とりわけ共益権部分ははここで著しく減価し，経営者は本来的株主から実質的に独立して経営を行えるのである。

　株式持合は日本の経営者が株主を軽視する一因となっている。経営者は持合い相手先の意向を考慮することはあっても，それは株主総会の場ではなく，事前の根回し，あるいは社長会など非公式の場であることが多い。ここにおいて一般個人株主は，カヤの外に置かれる。

　このように日本においては，アメリカ的な株主第一主義とは大きく異なり，「会社は従業員のものである」として従業員の代表である経営者が会社を支配し，株主は資金提供者としてしか扱われていない。会社は株主だけのものではなく会社を取り巻く利害関係者全体のものである，とするいわゆるステイクホルダー論は，このような問題の根幹たる株主軽視の傾向を捨象する可能

---

(51)　大隅健一郎『会社法の諸問題・新版』有斐閣（1983）「二つの会社が交互に新株を発行して互いにその全部を引き受けあうならば，同一の金額を両会社の間でたらいまわしにすることにより，双方の会社の資本を無限に増加することができるであろう。」
(52)　相手の会社の経営政策に介入しようとしない態度。

性があるといわねばならない。

　日米双方の会社法では，会社は株主のものであり経営者は株主に対してのみ責任を取ればよいことになっている。しかし配当についてはこれをできるだけ高く行おうとするアメリカの企業に対し，日本においては「外部流失」と考える傾向が顕著であり，配当性向は著しく低い[53]。この点において株主尊重の意識は日本において大変低いといえる。それを許す基盤は株式持合による相互信認である。

　このように問題の多い株式持合であるが，評価すべき点もある。一般企業の株式持合はとりわけ生命保険会社や銀行との間で行われる。また自動車産業などでは，メーカーと部品製造企業との間で「系列」といわれる関係として成立している。これらの企業の関係においては，相互の株式持合は借入金もしくは部品の安定的供給を保証する役割，もしくは友好関係のシンボルの役割を果たしていることも見逃せない。90年代初頭には系列が製品のレベルアップに有効であるという議論がアメリカでも大いに存在したほどである。

　さらに債権者たる金融機関との関係においては，当該企業が経営不振の場合，借入金の継続，もしくは新規借入れが制限され，さらに経営が悪化すると全面的に金融機関の監視下に置かれることによって，間接的に経営刷新が促されることもある。そのような場合，結果的にはコーポレートガバナンスに対する貢献は会社機関より大きいとすら考えられる。

　また企業グループ各社の横並び意識は，経営者の給与，あるいは社用車についてすらも潜在的に横並びを強いるものがあり，経営者の暴走を許さないという意味ではコーポレートガバナンスに寄与しているといえよう。そのような日本的企業社会の慣習が，長期的な企業の安定を促進する効果は少なくないと考えられる。

　しかし近年，ROAなど資本効率が重要視されるようになり，またメインバ

---

(53) 1999年3月期においては71.1％，2000年3月期においては200％を超えているが，これは不況における経営の悪化で配当可能利益が減少したことによって配当性向の分母部分が減少したことによるもので，株主優先の風潮ゆえのことではない。むしろ「安定配当」の名の下に，経常赤字でも配当を継続することによって，経営者が自己に対する批判と退任とを免れるべく行った可能性が強く，その意味では更なる株主軽視である可能性も否定できない。

ンク制の動揺により，経営者にとって株式持合の意義は急速に薄れている。最近では「持合」ならぬ「解合」と称して，相互に持株を市場で放出するケースも増加している。その意味では株式持合は日本における一時的な傾向として考えるべきであろう。

第4節　会社支配権の「会社自身」への移行

1　「会社自身」という概念

それでは縮減された株主の所有権の一部はどこに移行するのか。それは「会社自身」に移行すると考えられる。一部の「経営者支配」論が言うように経営者に移行するのではない。

株式会社は法律的には「社団」であり，その構成員は株主である。しかしそこで結合されているのはさまざまな意思を持つ株主ではなく，ほとんどは無機能資本たる零細資本である。そして個別資本，すなわち「会社自身」は先に見たように，自然人と同様の法的権能を有し，一方では出資の払戻し，配当可能利益を超える配当を禁じられており，それゆえ自己増殖する独立した所有主体である。

「会社自身」という概念そのものは新しいものではない。第一次大戦後のドイツで展開された法律学上の論争において，この「会社自身」という概念が登場している。ランズベルカーは，株主の私的利益を超えて自己価値化・自己目的化する「生きた組織体」としての「会社自身」の成立と，それの法的体現・人格化としての「会社自身」概念を主張した。わが国でも川合一郎氏が現代大企業の分析で「会社それ自体」の成立，会社の株主からの「自立化」の完成を主張されている[54]。

株式会社所有における株主と「会社自身」による「所有の二重性」については，1994年の日本私法学会商法部会におけるコーポレートガバナンスを

---

(54)　川合一郎『現代資本主義の財政・金融政策』(現代資本主義講座　第3巻) 東洋経済新報社 (1958) 208ページ。またそれ以外に「会社自身」という概念を提示している文献は次のようなものがある。北原勇『現代資本主義における所有と決定』岩波書店 (1984) 232ページ以下，冨森虔児編著『現代の巨大企業』新評論社 (1985) 13ページ，植竹晃久『企業形態論』中央経済社 (1984) 107, 120ページなど。

めぐるシンポジウムでも、「実は、会社統治機構をめぐる主要な問題は、全て株式会社の内部における所有関係のこの二重性によって引き起こされるものであるからである。」[55]と指摘されている。しかしその議論においても、二重性を株主の会社所有権の毀損と、その所有権の一部の「会社自身」への移行として捉えられているわけではなく、株主と、会社＝経営者との二重性として考えられており、それゆえ第１章でみたような歴史的「経営者支配」論に逢着している。

　私見によれば、株主から「会社自身」に移行した所有権のそのまた一部、すなわち株主の支配から独立して会社を運営する「会社管理運営権」ともいうべき権利を、経営者が再奪取・代行しているのである。自然人ならぬ「会社自身」という制度が、株主から所有権の一部を奪取し、それゆえ株主権は縮減され、「会社自身」が代行者を立てて多くの人間を支配し自己増殖していく、ということは具体的にイメージしにくいかもしれない。しかし、資本主義自身がそのような盟主なき自己増殖システムであることを考えれば類推できるのではないだろうか。

2　「会社自身」と経営者

　「会社自身」は株主が資本を出資することにより生を受け、それによって会社資産を購入、経営代行者を雇用し、資本運動を開始する。ここまでは出資株主か、あるいはその委任を受けた人間が管理運営を行う。ひとたび出資を受けた出資金は、資本充実の原則により払い戻されない。また前期繰越利益と当期税引き後利益の合計たる配当可能利益を超えて配当されない。すなわち倒産しない限り自己増殖の道を歩むのである。株主の委任を受けた経営者は経営を専断的に行う。この場合株主総会など株主の監視的機能は法によって整備されているが、それが形骸化して機能しない場合、経営者は往々にして、株主利益を損なうことを隠然と、あるいは公然と行う。

　たとえば個々の役員の報酬を非公開とする、フリンジベネフィットと呼ば

---

(55)　岩井克人「企業経済論と会社統治機構」商事法務 No. 1364（1994）２ページ。日本私法学会商法部会シンポジウム資料「コーポレートガバナンス　大会社の役割とその運営・管理機構を考える。」

れる執務室，自家用車，秘書，交際費，ゴルフ会員権などの付加的給与を，必要最小限のものを超えて自らに支給する，本来は株主が判断して経営陣に与えるべき性格のものであるストックオプションを，自ら決定，付与する。さらにTOBに対して，その防御策を会社財産を利用して講じ，自らの社内的地位の温存を図る，などである。

　経営者はこのようなことがなぜできるのかといえば，「会社自身」は自然人ではないのでそのような行為に対して，非難し是正を求めることはしないがゆえである。すなわち「会社自身」は自己の権利の侵害に対して反撃できない。しかし経営者によってこれらの専横的な行為が行われるとしても，所詮それは会社が定めた，たとえば「社長」という地位があってのことである。彼が「社長」という地位を作るわけではない。つまり「会社自身」が定めた諸規定にある「社長」という地位を利用しただけであり，その専横が度を越えれば，すなわち経営悪化を招けばたちまちにしてその地位は奪われる。

　そのことにおいて「会社自身」と専横的社長のどちらが支配者であるかは明らかである。このことをみても株主から経営者への支配権の単純な移行を主張する「経営者支配」論は，事の本質をあらわしているとは言いがたいのではないだろうか。

　経営悪化による経営者の去就を考えてみても，株主は株価の維持上昇と平均利子率に危険負担分を加えたもの以上の配当を期待しているのであるから，それが長期的に満たされない，もしくは期待を大きく下回る，あるいは倒産の危機に瀕するような場合には，市場で株式を売却するという，いわゆるウォールストリートルールに従う以上の対応をする。

　具体的には株主総会での発言，株価低落による他からの買占めへの呼応，そして最終的には株主は株式が分散しているとはいえ，株主総会の場で経営者を解任することも可能である。あるいはそれを見越して経営陣が自ら退陣することもある。つまり株主は持分所有を根拠とする，いわゆる共益権による最終的な制裁手段を有しているのであり，「会社自身」による会社支配権もそのような限定付きのものであることも見ておくべきであろう。

3　資本運動の原動力としての競争

　「会社自身」は何を原動力として利潤追求に向かって自己運動するのか。そ

れは広い意味での「競争」であると考えられる。株主の出資によってひとたび社会に生れ落ちた株式会社は，個別資本として他の個別資本，すなわち他企業と独立して自己増殖を続ける。利潤を追求し，獲得した配当後利益を自己資本に転化し，時価で新株を発行し，さらに投資を行い，更なる利潤を上げんとするのである。なぜ利潤を追求するのかは制度派経済学の達成を根拠と考えてよいであろう。すなわち脚注(1)で簡単に見たように，本源的には人間の本能に起因すると考えられる。

利潤を上げることができない会社は赤字となり，自己資本を食いつぶすことになる。そして負債が資産を上回れば債務超過となり，会計学的な死を迎え，それは債権者の判断一つで現実的な死に転化するのである。究極的にはこの会社の「死」への恐怖が企業間競争を激化させ，競争の原因となっている。

企業の死は従業員，役員の失業を意味し，とりわけ経営者は強い社会的指弾を浴びることになる。法的訴追を受けることもまれではない。なんとしてもそれだけは回避したい，というのが経営者の本源的欲求であろう。好調な業績による名誉も，経営者を競争における優位に駆り立てる動機であろうが，倒産回避こそ，不可避的に激化する競争の本源的原因であろう。また業界平均の利潤率を下回ること，あるいは赤字決算は経営者にとって不名誉なことであり，経営者解任の理由となることもある。この回避も企業間競争の副次的な動機であろう。

もちろん自然人ならぬ「会社自身」は，競争の意志もその前提たる本源的欲求も持ち合わせてはいない。単に資本充実の原則など会社法の強行法的な規定によって，間接的に自らの死をできるだけ回避するシステムを備えているだけである。しかし現実の経営管理を行う経営者に，会社の死をなんとしても回避したい，と思わせるシステムと社会全体のイデオロギーが出来上がっているというべきであり，これも個別資本の集合体たる「総資本」とも言うべき社会的イデオロギーの意志として，そのような社会的風潮を創っていると解するのが妥当であろう。

さらに言えば競争に対峙し，打ち勝つことを経営者，経営管理者としての「武徳」「美学」とする通念も企業社会にある。経営マスコミ，あるいは経営学の一部としてそのようなイデオロギーは社会に露出している。そのイデオ

47

ロギーに鞭を当てられて，経営者は競争における勝利を求めて経営管理者，一般従業員を叱咤する。競争勝利は社会的支配的イデオロギーであるがゆえに，一般従業員もまた呼応する。そのことが相乗的に全産業において競争を激化させる。そして競争を美化し，それに打ち勝ったものを社会的強者として顕彰するジャーナリズムを中心とするシステム，それに連なる受験を梃子とした教育システムも登場するに至るのである。

　ものいわぬ「会社自身」は，その集合体として措定される総資本を中心に競争を促進するイデオロギーを形成する。このような競争促進イデオロギーが社会全般を覆い，政治，教育，家庭全般における効率追求への夾雑物，すなわち慣習，儀礼，伝統，道徳などを跡形もなく洗い流すのである。

4　「経営者支配」論の検討

　しからば「経営者支配」を，株主の所有権の縮減との関係でどのように理論的に位置付けるのか，そしてその延長線上で「経営者支配」論についてどう考えるのか，という問題が生じる。

　まず，本稿では「経営者支配」という概念については，さしあたり次のような状態を指している。すなわち株式が分散した大企業において，株式所有を基礎とした支配をすることができる株主が存在せず，それゆえ株式所有の裏付けがない経営者が企業を支配している状態である。この場合，経営者とは取締役全体を指すのではもちろんなく，代表取締役会長か社長，もしくはそれに代わりうる可能性を持つごく少数の人間を指す。株主総会と同様取締役会も形骸化しており，上述の経営者についての規定以外の取締役は，「支配」をしているとはいい難く，それゆえ経営者ではなく，従業員の側面を併せ持つ経営管理者と位置付けるべきである。

　現代の大企業においては経営管理機能やそれ以外の生産・営業・販売にかかわる機能は複雑に構成されており，そのことも株主のモニタリングを中心とする共益権を媒介とする支配力を減殺している。特に多業種にわたる複合的大企業においては，それらをまとめた決算書を開示されただけでは経営者を判断する基礎資料として不足である。コングロマリットディスカウント[56]を想定されるような複雑化した大企業において，経営政策を策定し戦略を選択していく経営者には，高度な専門能力と意思，あるいは人間的肉体

的適性が要求される。それゆえ大株主であっても，経営者にとって代わることはもちろん，同等に意見を交換し介入することも難しい。また株主は上記の事情に鑑み，広範な裁量権を与えた上で経営者に経営を委任しなければならない。このような条件下で株主の所有権の一部が経営者の手に移る，という「経営者支配」論の前提が成立するかに見える。

しかしながら前述のごとく，所有の本質を考えたとき，株主の所有権の一部が，経営者個人に直接的に移る，とはいえない。経営者の持っている権能はその経営者個人のものではなく，会社がその地位にいるものに在任中に限り付与しただけのものであることは，彼が退任したときにその権能の全てが失われることにおいて明らかである。経営者は自分自身や後継者の人事について発言力を有することはもちろんであるが，その任期はおおむね能力と体力の続く限りであり，子弟にその地位を譲ることも原則的にできない。また会社資産についてもその所有権は会社自身にあり，経営者は自分自身のために使用する権限はない。確かに経営者のなかには私的に会社の権威・権限・資産を使用するケースがあるが，それは一時的例外的なものとして扱われるべきであり，経営者の権利としては考えられない。

「会社自身」に移行した株主の所有権の一部，すなわち会社支配権は，現象的には自然人たる経営者を通じて遂行される。「経営者支配」のごとくに見える現象の本質は，バーリーとミーンズに始まる経営者支配論が主張するような所有と切り離された支配でなく，「会社自身」による株主から奪った所有権の一部＝会社支配権に基づき，経営者が経営を代行する支配なのである。経営者が株主のモニタリングから自由になると見える現象も，実は「会社自身」の株主支配からの自立である。

5 企 業 目 的

第1章第3節でみた，企業目的に関する考察の沿革についても，ここで考えておきたい。

従来の株主価値の極大化が企業目的とされた時代を経て，資本主義の発達

---

(56) 複合的大企業における近年の利潤率の傾向的低下に鑑み，そのような企業であるというだけで株価が割り引かれること．

によって大規模公開会社が出現し，所有と支配の分離が進行したとされる段階において，企業目的についても諸説が提出された。その概要は第1章第2節で見たとおりであるが，このようなマネジリアリズムの諸説には共通の認識がある。すなわち持株に基づかない専門経営者による企業は，株主価値の極大化という従来の企業原則とは基本的に異なった経営原則によって導かれているという認識である。言い換えれば株主価値の極大化，あるいは利潤追求から一定程度自由であるとすることである。しかしこのようには考えにくい。

　資本主義の発達にともなって，企業の社会的責任が強調され，政府の政策面においても，納税負担を超えた公共的役割の分担など，いわゆる混合主義的経済政策が行われるようになった。企業はこれまでのように利潤追求だけを考えた経営から脱却しなければならないということは言えるであろう。しかし混合主義的経済運営への移行は資本主義の諸問題解決の試みといえるものであり，個別企業にとっても長期的，安定的利潤の確保に資するものである。このような社会的責任の強調によって会社の構造が変化したとは言えず，それゆえ直ちにこれまでの企業目的が変化したとすることはできない。

　企業目的が変化したかどうかを検討するとき，凝視すべきは現実の資本運動であろう。資本は現実の資本市場の圧力と制約，すなわち倒産を回避し，平均的利潤を超える利潤を確保するという競争的な圧力のもとで自己増殖を求めて運動している。平均的利潤以上の利潤が確保できなければ，株価下落，TOB，株主総会での紛争など，資本増殖にマイナスの事態が生起する。このような資本運動に対する，競争を根源とする強制こそ資本運動，ひいては企業目的の根源であり，それゆえ「経営者支配」と見える現象は，株主，「会社自身」，経営者の三者の分業システム確立でしかなく，資本運動の本質たる「利潤追求」という企業目的は変わらないというべきであろう。

第3章　近時のアメリカ学説の検討

第1節　経済学の潮流

1　アダム・スミスと新古典派経済学

　現在の経済学界で圧倒的な勢力を誇る新古典派ではあるが，その淵源は「神の見えざる手」[57]によって均衡状態が成立するとしたアダム・スミスの『国富論』(1776年) に求められるとしてよいだろう。経済学そのものの出発点とも考えられるこの書が書かれたのは，イギリス産業革命がこれから始まろうとしていたときであった。産業がそれまでのように政府からの重商主義政策的な庇護を受けずとも自立できるようになっており，むしろ政府の介入が有害である，としたのがスミスの経済学の基本的な主張である。

　その骨子は新たに成立した市民社会の経済学的分析，すなわち価格，賃金，利潤，地代などに関するミクロ経済学的な分析とそれに立脚した理論である。無論そこには「理論」特有の，現状分析を超えた先験的なアダム・スミスの歴史観と世界観があらかじめ用意されていたことはいうまでもない。

　「新古典派経済学にはミクロ経済学はあってもマクロ経済学はない」[58]といわれるが，それはアダム・スミスの「市場万能論」とも言うべき考え方の正統たる継承者として当然のことなのかもしれない。批判者に言わせれば「新古典派の想定する理想的な市場経済では，マクロ的な経済状態はミクロ的な経済行動の単なる集計値に過ぎず，大量の非自発的失業や加速的なイン

---

(57)　大変有名な invisible hand という言葉だが，『国富論』のなかではただ一度，第4編第2章で使われているのみである。
(58)　岩井克人『21世紀の資本主義論』筑摩書房 (2000) 191ページ。

フレーションといった『マクロ経済に固有な現象』など存在する余地がない。そこではもちろん自由放任が最適な政策である。」[59]となるのである。しかし不完全競争や外部経済，公共財などマクロ経済に固有な現象は現実に存在する。それを「市場の失敗」として新古典派的理論の枠内で処理しようとする試みは数多く行われてきたが，成功したとは必ずしも言い難い。

2　ケインズのマクロ経済学

それに対して，我々の経済社会がバブルの崩壊や失業など循環的な景気変動に見舞われるのは「貨幣経済」ゆえである，と喝破したのはケインズであった。「全般的危機」「革命前夜」といわれた29年恐慌の余韻覚めやらぬ1936年に，ケインズはその主著たる『雇用・利子および貨幣の一般理論』において，「商品は貨幣によって需給を調整するが，貨幣の需給の不均衡には『見えざる手』は機能せず，全ての市場を巻き込んだマクロな調整過程を引き起こす。それこそ大量失業でありインフレである。」とした。

これこそ，ミクロ経済における市場の失敗とは位相を異にした「マクロ経済に固有の現象」である。第2章第1節で見たような貨幣における所有の特殊性とともに，ケインズの主張する貨幣の資本主義経済に対する破壊的性格は株式にも引き継がれているといわねばならない。

当時の生産低下，大量失業，そして社会不安と社会主義国の出現など，資本主義の崩壊の様相に対して，ケインズは「ケインズ革命」とも言われる解答を提出した。つまり現在行われている景気刺激策の原型たる需要創出策，購買力創出策である。それによって公共投資，金融緩和など政府の役割を重視する視点を開いたのである。

ケインズ主義は1933年のニューディール政策の理論的基盤であり，現在のわが国大蔵省の基本的考え方でもあろう。このとき新古典派として登場していたピグーは「経営者の雇用の意欲が湧くまでで労働力の価格を下げるべきであり，それこそ需要供給の法則，市場の自動均衡メカニズムである」との主張を行ってケインズと論争している。

---

(59)　前掲書191ページ。

3 古典派経済学とマルクス

19世紀の経済学の課題は資本主義の否定的側面との格闘であったとも言える。資本主義は曲がりなりにも独り立ちしたが、スミスの言うほどに豊かになったわけではなく、予定調和的でもなかった。むしろ多くの人々は貧困に苦しみ、あるいは過剰生産ゆえの恐慌に襲われる社会でもあった。

19世紀中葉には、イギリス資本主義はビクトリア女王のもと「世界の工場」「世界の銀行」として大英帝国の基礎を築いた。しかし一方では「工場法」の背景となったような未成年者の長時間労働もあり、資本主義の矛盾は深化していく。この資本主義の矛盾に対してミルは「経済学原理」(1848年)で、自然法則の支配する生産過程を人間は簡単に換えることはできないが、分配は人為的システムであるがゆえに、課税や所有形態の変更により分配的正義の実現と貧困の廃絶を図れる、とした。アダム・スミスからこのミルまでが新古典派の礎石たる「古典派」である。

これに対してマルクスは、資本主義の矛盾を止揚するには、分配関係だけでなく生産関係を変えねばならない、すなわち生産手段の社会化、社会主義的共有化をしなければならず、資本主義はその矛盾的発展によって資本主義を乗り越える条件、すなわち社会主義革命を準備していると『資本論』(1867年)で主張した。

その体系的実践的思想は広範な学問分野に多くの共鳴者を生み、また実践的哲学、政治学としてのマルクス主義は、20世紀には社会主義国、社会主義陣営の出現として結実した。そのことが体制間の対立と世界戦争の危機を生み、経済学においてもそれを反映して、体制選択が大きな論争点となっていく。

4 小 括

このように経済学の潮流は資本主義をどう見るか、という点を軸として展開した。資本主義の肯定的側面を重視したのがアダム・スミスと新古典派であり、否定的側面を重視したのがマルクスやケインズであろう。

現代資本主義の隆盛の中で資本主義の肯定すべき側面は増大し、否定的側面は減少したかに見える。それこそが新古典派、ひいては「法と経済学」隆盛の根本的原因である。しかし経済全体を考え、市場の失敗の側面から問題

を分析するにはケインズによって導入された「マクロ経済学」の視角がなければならず，単純なミクロ経済学，需要供給法則，均衡理論，市場主義では解決出来ない。

また個別企業のコーポレートガバナンスを考える上でも，「マクロ経済学」的な貨幣，株式における一般等価物としての特殊性，すなわち所有と支配の背理についての認識が肝要であろう。さらに法の分野ともなれば社会正義など，非経済学的でありながら所与の前提として考えなければならない要素がある。

さらに経済学的には公共財，外部経済効果が存在し，ますます新古典派的な市場主義万能の原則だけでは処理しきれない要素が増大しているといわねばならない。

5 「法と経済学」の沿革

「法と経済学」の源流もアダム・スミスに求められる。均衡状態がさながら「神の見えざる手」のごとく導かれるとしたその経済理論は，「市場に独占的な経済主体が多数存在して，市場で公共的なシグナルとしての価格を与えられ，その局所的な知識と主観的な価値判断によって行動する，それら多数の経済主体による行動の総和が市場によって集計され，そこで需給が均衡するような価格が形成される，その価格がまた公共的なシグナルとして人々の行動を規定する」と考え，秩序が自生的に維持される，とするものである[60]。

この理論が自由主義的経済学として，ハイエク，フリードマンらの新古典派経済学，俗にいうシカゴ学派に引き継がれた。とりわけハイエクの「自生的秩序」のイメージにつながって，正統的な数理経済学批判の基礎となっている。「1970年代以降『新古典派経済学からケインズ経済学への一斉攻撃が始ま』り，『マクロ経済学は今やケインズ経済学ではなく新古典派的な均衡論になった』という展開」[61]の中で，その自由主義的手法は政策，立法論全体に対して強い影響を有するようになった。とりわけ自由競争至上主義ともいえるその所論を下敷きにした規制緩和の推進は，アメリカだけではなくわ

---

(60) 岩井克人・嶋津格対談『特集ハイエク』(現代思想1991年12月号) 39ページ。
(61) 石黒一憲『法と経済—シリーズ現代の経済』岩波書店 (1998) 23ページ。

が国にも影響をあたえている。

　経済学の成果を法学の世界にも生かし，経済学的分析手法を用いて法を考える，あるいは経済発展のためにあるべき法制度を考えるという，いわゆる「法と経済学」，「法と経済分析」の手法は，アメリカでは1950年代から始まった。「1960年代以降，研究者数の増大，研究方法の確立，専門雑誌の定着という形で現実化し，きわめて大きな流れとなっている。」[62]といわれている。

　法的ルールを経済学的に分析するということは必ずしも新しい手法ではなく，たとえばマルクス主義経済学を基盤としたマルクス主義法学の成立，あるいは本稿の出発点たるバーリーとミーンズの『近代株式会社と私有財産』も経済学者と法学者の協力という意味ではその中に入れてよいであろう。しかし「法と経済学」の革新的な点は，法の正当性，有効性を経済効率という点から検討し，その問題点を明らかにするというところにある。具体的には法が対象とする事実関係をケースとして提出し，それについて効率性・合理性の観点から分析するだけでなく，より望ましい立法と法規制を解明するという規範的な立場である。

　「法と経済学」はそれらの分析，規範の所与の前提として，個人主義，自己責任と自由な競争による経済の効率的発展を至上のものとしている。そのうえで効率市場仮説 (efficient capital markets hypothesis) から市場を公正に保つことが可能であれば，不適切なものは市場で淘汰されるとし，法的規制でなく市場のメカニズムによって諸問題を解決すべきであるとしている[63]。さらに会社についてもこれを契約の束 (nexus of contract) と考え，外部の取引によるよりも内部化することによってコストが安くなる場合に会社が成立する，とした。

　この立場からすると公開企業のコーポレートガバナンスは証券取引市場によって全面的に担保される。なぜならば企業業績が株価に全面的に反映されることによってROAの不十分な企業は企業買収の対象になり，経営者は解

---

(62)　三輪芳朗・神田秀樹・柳川範之『会社法の経済学』東京大学出版会（1998）はしがき。

(63)　「法と経済学」の中にも，会社法の中に強行法的な要素が必要である，とするアンチコントラクタリアンと呼ばれる学派が存在する。

雇されることとなる，それゆえ経営者は競って経営に邁進し，株主はモニタリングする必要がなくなる，ということになるからである[64]。

わが国においては『法と経済学』の論文は1970年代の半ば頃から発表され始めた[65]。その関心はまず不法行為法の分野で始まり，現在ではさまざまな法分野に至っている。とりわけ会社法の分野では厳しい批判を受けながらも問題提起と問題解決の手法として関心が広がっているといえよう。

第2節　企業目的に関する近時の議論

1　タイム社事案

「法と経済学」と既存理論との明確な対蹠点は，第2章第4節でみた企業目的を何とするかの議論を出発点としている。すなわち株式会社における株主利益を，他の利益に比して最優先させることの是非についてである。その結果によっては会社法の基本的な部分に大きな変更がでかねない。

「社会的責任」論が，株主利益の極大化という従来の企業目的の考え方に対してこれまでも提起されてきた。とりわけアメリカでは80年代の企業買収，TOB，LBOが盛んになったことを契機として大いに議論がなされている。すなわちいわゆるステイクホルダー（利害関与者）とされる従業員，取引先，消費者，社債権者，コミュニティなどの利益をどう保護するかという議論である。

「法と経済学」を巡る議論の中で，公共の利益を擁護するために，従来の株主利益優先の判例とは違った判断が示された近時の実例として，アメリカのタイム・パラマウント・ワーナー社に関する1990年のデラウエア州最高裁の判決を取り上げたい。これはタイム社に敵対的買収を仕掛けたパラマウント社が，タイム社がそれに抗してワーナー社と合併することでパラマウント社によるTOBを回避したことが株主利益に反する，として訴訟を提起した事案である。

当然株主は株主総会が開催されれば，一時1株200ドルに達したTOB提案

---

(64)　川村正幸・前掲論文74ページ以下を参考としている。
(65)　松浦好治編訳『「法と経済学」の原点』木鐸社（1994）6ページ。

を歓迎したであろうが，株主総会開催を回避するため，タイム社取締役会はワーナー社との合併を進行させたのである。

　従来アメリカでは TOB に対する防御策が適切であるかについて，いわゆるユノカル基準(66)が存在していた。ユノカル基準とは，TOB の標的企業の取締役会がとる防御方法ついて，経営判断原則による免責が適用されるには，当該取締役会は最初に①企業理念や効率維持に対する危険が存在したと信じるに足る合理的な状況，②防御手段がその現出した脅威に対しておおむね過不足なく相当であること，を証明しなければならない，というものである。

　デラウエア州最高裁のアレン裁判長と最高裁は，タイム社経営陣がパラマウント社の買収提案に賛成し，ワーナー社との合併に反対するタイム社株主の投票を，株主総会開会阻止によって妨害しようとしたことを認めたうえで，ユノカル基準についてこう判示した。

　「ある敵対的買収が，それに対する防御手段を正当化できるほどの脅威であるかを決定するには，取締役会は低価格や強制力以上にそれ以外の要素について考慮することができる。それは買収提案の時期やその性格，違法性の問題，株主以外の構成員，すなわち債権者，顧客，従業員，そして社会一般も含めてのそれらに対する影響，買収失敗のリスク，現金化時点での安全性のレベルなどを含んでいる。」

　ここでは明らかに株主利益とともに，それとは時として対立する会社利益の明確化と擁護がなされているといえよう。その意味ではステイクホルダーの利益を擁護するコミュニタリアンの考え方が判決に反映しているといえる。タイム社の取締役で当時ラドクリフ大学の学長であった Matina S Horner 氏は編集権の独立に関するタイム社の考え方について以下のごとく主張している。

　「私は政治的あるいはその他の妨害からの編集権の自由について，もし我々が市民として賢明な判断をなし責任を全うするに十分なだけの知識を持ち合わせているべきだとすれば，絶対に必要なことであると信じている。私はこの国と企業の将来のために，教養があり諸情報に通じた市民を育成すべきであると考えている。」そして氏は独立した主体としてのタイム社の存続は公共的利益だけでなく株主利益にもかなうと主張している。

---

(66)　Unocal Corp. v. Mesa Petroleum Co. 1985.

これに対してアレン裁判長は、「タイム誌のカルチャーは会社の歴史を通じて社員と社会の誇りとなっている。すなわち特にタイム誌のアメリカ人の生活における役割がである。そして企業の経営統合の圧力に対するマスコミ的な抵抗感を示す明確な企業構造や経営哲学がタイム社に存在する。」と判示した。さらに、タイム社の分裂もしくは破壊は、アメリカ社会にとって有害であるので、ワーナー社と合併し、パラマウント社からの買収提案を拒絶することによってタイム社を守ろうとした経営陣の努力は正当なものであると認められた[67]。

2 信認義務の展開

アメリカでは、判例、学説ともに、株主の利益最大化原則に基づいて構成されており、経営者は株主に対してのみ信認義務 (fiduciary duty) を負うものとされてきた。この信認義務には二つの内容があり、一つは取締役が会社または株主と信認関係に置かれているがゆえに、取締役は会社または株主の信頼に反して、その地位を利用しては会社または株主の利益を犠牲にし、自己または第三者の利益を図ってはならないという、高度の倫理性的規範を基本にしている忠実義務である。もう一つは注意義務である。注意義務は忠実義務と同様に、取締役と会社または株主との信認的関係の存在を根拠にしているので、取締役には、その職務を遂行する際に、会社および株主の最大利益のために行動しなければならない、という「善意」(good faith) 的動機と「相当の注意」(due care) が要請されている[68]。

しかし1980年代敵対的TOBが横行する中で、取締役がとりわけTOBに対する防御策を講じるにあたり、株主以外の会社関係者の利益を考慮することができるとする判例・州法が上述のごとく現れる。特に多くの州による会社関係者法 (Constituency Statutes) の制定は、この問題に新たな展開をもたらすことになった[69]。

---

(67) Millon "Theories Of The Corporation" Duke Law Journal 201 1990 (IV. The Time Case and Public Dimension of Corporate Law) p. 257-.

(68) 王君『信認義務の理論的基礎―アメリカ法を中心にして』早稲田大学出版部(1991) 2ページ。

(69) 落合誠一『岩波講座 現代の法 7 企業と法』(1998) 10ページ。

3 コミュニタリアンとコントラクタリアン

会社関係者法に対してこれを評価する立場をコミュニタリアン (communitarian), これに抗して株主利益極大化の立場をとる論者をコントラクタリアン (contractarian) と呼ぶ。

コミュニタリアンの代表的見解としてミッチェルの所論を取り上げる。氏の考え方は, 大規模公開会社はそれ自身社会的存在であり, 株主の利益を図るためだけのものとして考えてはいけない, との公共的利益を重視する認識に基礎をおいている。会社を巡る株主, 従業員, 債権者, コミュニティの相互依存性に鑑みて, 株主だけの利益を図るのは妥当でなく, 他の関係者の利益にも配慮する内容を有する会社関係者法は尊重されるべきである, とする[70]。

さらにもう一人の代表的論者であるストーンは, 従業員は企業に対する出資者の一員である, との認識を出発点としている。すなわち従業員の労働は多分にその所属する企業に専門特化しており, そのような特化した技術・労働を企業のために供することは, それらが他の企業では有用性が薄れることもあって, 出資であると考えるのである。

さらに経営者の労働者に対する注意, 保護義務を是とする氏の考え方からすれば, そのように特化した労働の価値を減じせしめる TOB は規制の対象でなければならない[71]。さらに氏の所論の延長上には, 従業員に企業モニタリングの役割を期待し, 従業員としての企業特化的な労働・技術の出資に見合った, 議決権を有する特殊な株式を与えるべきであり, 従業員を含む会社関係者の代表を取締役会に加えるべきである, との議論もある[72]。

これに対してコントラクタリアンの立場は,「法と経済学」の考で見たように会社を契約の束, 中核ととらえる。「契約の束」の基本的考え方は, 会社を

---

[70] Mitchell "A theoretical and practical Framework for Enforcing Corporate Constituency Statutes" 70 Texas Law Review 579 (1992).

[71] Stone "Employees as Stakeholders under State Nonshareholder Constituency Statutes" 21 Stetson Law Review 45 (1991).

[72] Blair "Ownership and Control: Rethinking Corporate Governance for the 21st century" (1995) p. 231-232.

法的擬制物と考え、営利を目的として会社に集まっている関係者や契約の中核、結束点とする。そして会社に必要な資本を提供する株主、債権者の「残余請求権者」と、経営者たる取締役との関係を定める契約、すなわち取締役の懈怠を防止するための契約のコストが代理費用（agency cost）であり、会社法はその代理費用を最小限に押さえるための、社会に供された最善モデルである、と考える。

さらに株主の立場の特殊性から、株主利益最大化原則を引き出している。すなわち他の会社関係者は、たとえば従業員が雇用契約と労働法で守られているように、全て契約と関係諸法で守られている。然るに株主はその取締役に対する信認において、それが包括的かつ細部に渡って明定できない種類の信認契約であるがゆえに、契約による保護が不十分であり、取締役の注意義務による保護が必要であるとするのである。

つまり株主の立場は他の関係者に比して特殊であるということに他ならない。株主は会社との関係において永続的であり、その条件等を見直すということがない。また株主の残余請求権という権利も変わることがない。個々の株主は市場での売却で当該会社との関係を絶つことができるが、株主総体を想定すると、会社とは永続的な関係性を取り結んでいる。また株主の出資は会社の財産と個々に照応するものではない、という点でも特殊である。それゆえ保護対象を明確に特定した契約、保護は不可能である。であるから取締役には包括的な注意義務、信認義務が存する、と考えられている。

第3節　アメリカの議論に関する考察

私見によれば、確かに公共の利益の増進は必要であるが、それを株主利益最大化に対抗するものとして、会社に義務として課することには賛成できない。

その理由は、会社が社会的、歴史的に利益追求の工夫として形成されてきたことにある。法人が現時点において擬制であるか実在するかについては議論のあるところであるが、少なくとも利益追求のための擬制として生まれたことについては議論はないであろう。その形態が時代に沿って変化したからといって、いまや社会的影響力が絶大である会社存在の基本を変化させるこ

とにこそ，法的安定性を損ねるという意味での公共的不利益があると思われる。利益工夫の道具として発明された会社が，現代において大きく発展したからといって，別の役割を負わせることは，まさに「角を矯めて牛を殺す」ということになりかねない。

　確かに労働者の視点を導入した共同決定法下のドイツにおいても，立派な企業は存在している。しかし，国境を越えた現代の世界的大競争の中でも共同決定法のもとでの企業がなお競争力を有し，それが効率的なシステムであることが立証されている，というには時期尚早であろう。さらに共同決定法の成立過程を見ると，それはいわゆるステイクホルダーの意見を容れたものというよりは，戦後ドイツにおいて高揚した労働運動を体制内化するための工夫，という要素も存在している。また最高意思決定機関たる監査役会の「最後の一票」は監査役会会長を輩出する経営者側が持っている仕組みであり，必ずしも「共同決定」とは言いがたい側面もある。さらにこの監査役会の形骸化が近年言われている。

　日本においてもこれとほぼ同等の形で体制内組合との団体交渉があろう。特にいわゆる「御用組合」といわれるものと会社との団体交渉は，ドイツの監査役会とアナロジーしてよいのではないだろうか。しかし日本の労使協調路線の組合と会社との労使交渉の場合でも，何らか経営に資する「共同決定」をなしえたという実例が多いとはいえない。むしろそのような組合の場合，歴代委員長が後に会社幹部になっている場合も多く，社員からみると二重監視体制に受け取られる例も多い。ドイツの監査役会も労使の利益代表の交渉の場と化し，会社の長期的利益の観点からの討議が行われがたいとも指摘されている[73]。

　企業の社会的責任は法の遵守と納税である。社会の変化に伴って企業の社会的責任を増加させることが必要であるのならば，法的に，あるいは納税義務を増すことによって解決すべきであり，利潤追求や株主利益の極大化という企業の根本原理を変えることで対応すべきでない。

　また近年の企業内における生産性向上，労働強化に機能する諸問題につい

---

(73) 深尾光洋・森田康子『企業ガバナンス構造の国際比較』日本経済新聞社（1997）89ページ。

ては，それこそ一企業でのみ社会的公正を期する施策を行えば，その企業が不利になるだけで，社会全体の厚生を増進しないので，立法によって行うべきであると考えられる。

しかし社会の中で唯一富を生むセクターとしての企業の特殊性と重要性を考えれば，「角を矯めて牛を殺す」ような株式会社の基本的構成を変更するような法的変更には慎重であるべきであろう。

確かに近時の企業不祥事をみるにつけ，とりわけモニタリング機能を充実させるべきであるとも思えるが，そのような傾向はひとり企業社会のみに限ったことではなく，たとえば医療，教育や政治の分野でもまた然り，である。社会全般を覆う問題に対しては別途の検討と対処が必要だろう。むしろ現在の会社を巡る法制については，規制緩和や自由競争の保証，さらに市場ルールを通じてのコーポレートガバナンスの確立こそ必要であろう。

第4章 現代のコーポレートガバナンスへの提言

第1節 取締役の信認義務

1 問題の所在

　第1章から第3章まで検討を加えたごとく，コーポレートガバナンスの基本には，株主の権利についてこれを最大限擁護するのか，それともいわゆるステイクホルダー，すなわち従業員，債権者，取引先，コミュニティーなどの利害関係者の利益をも勘案するのかという問題が存在する。これについてはそれぞれの章で部分的には明らかにしたごとく，株主の権利を擁護，確立することによって所有と所有権の法的理論的整合性を図り，そのための諸法令，定款，社内諸規定を改善すべきである，とするのがこの章の趣旨である。

　この株主の権利の再確立についてまず考えなければならないのが，株主によって選ばれ，現実の業務執行を監視し，重要事項について決定する取締役と取締役会の株主との関係，すなわち取締役の株主に対する義務である。取締役の義務こそコーポレートガバナンスの中核であり，その理論的確立なしには，以降の具体的諸点に関する検討を行い得ないと考えられる。

　実際の業務執行を株主の立場で監視し，決定を加える取締役(会)の権利義務，なかんずく信認義務はどのようなものであろうか。これについて日本法では，商法254条の3「取締役ハ法令及定款ノ定並ニ総会ノ決議ヲ遵守シ会社ノ為忠実ニ其ノ職務ヲ遂行スル義務ヲ負フ」と，同法254条3項「会社ト取締役トノ間ノ関係ハ委任ニ関スル規定ニ従フ」との規定があり，これらが同一視できるか否かについて議論が続いていることは周知のごとくである。

　すなわち254条3項の委任に関する規定に従うということは，委任契約に

基づく受託者として，委任の本旨に従い善良な管理者の注意をもって委任義務を遂行する義務を負う，という民法644条に従うということになる[74]。

このように解すれば，取締役の忠実義務を民法規定の善管注意義務と同一視できるかという問題となるが，現在における多数説では，忠実義務は善管注意義務を具体的かつ注意的に規定したものであって，両者は表現の差異があるのみで内容においては異ならない，となっている。昭和45年の最高裁判例[75]もこの立場を支持している。このような通説に対し，近時，日本法の取締役の忠実義務も英米法の忠実義務を継受した，会社利益の犠牲のもとに取締役が個人的利益を図ってはならないとする特殊の義務であって，民法規定の善管注意義務とは別個の義務と解する説も有力となってきた[76]。

そこで商法254条の3の母法であり，現在もっとも発達しているといえるアメリカ会社法の信認義務の議論を考察し，忠実義務をどう解釈すべきかについて検討したい。

2 信認義務についての議論

アメリカにおける取締役の信認義務の議論は，19世紀の前半にはじめて取締役の注意義務違反が認容された判決が現れたことに始まる。それまで取締役は会社または株主の受託者(trustee)として，または株主の代理人(agent)として考えられてきた[77]。この場合取締役は株主の信託を受けているとする信託法理と，取締役は株主の代理人であるとする代理法理のどちらを採用するかによって，取締役の義務を肯定するか否定するかについて正反対の結論が導かれる。

「法と経済学」の立場，すなわち前にみたコントラクタリアン，法人擬制説，「契約の束」の立場からは，取締役は自由な個人間の契約によって規定された株主や債権者の代理人であるから信認義務は負わないし，信託法理からくる

---

(74) 昭和45年の最高裁判決（八幡製鉄政治献金事件）では商法254条の3について，「同法254条3項民法644条に定める善管義務を敷衍し，かついっそう明確にしたにとどまる。」としている。
(75) 昭45・6・24大法廷判決民集24巻6号，625ページ。
(76) 加美和照前掲書，253ページ。
(77) 王君・前掲書，2ページ。

厳格な法規制は受けないと解される。その前提は，会社法は代理費用（agency cost）[78]を極小にするための最善の合意モデルにしか過ぎないということになる。もちろん信認義務は否定されるにせよ，代理契約は存在し，その内容の適否は究極的には株式価格すなわち市場が判断し，そこで淘汰が行われることによって社会的公正は担保される，という文脈になる。つまり取締役の任務懈怠があった場合，市場で罰せられるので厳格な法規制は必要ないということである。

取締役の信認義務を肯定するか否定するかの最大の対立点は，このように市場の規制を受けることによって公正が保たれるべきか，それとも法律の規制を受けるべきかにある。

信認義務を肯定する立場，すなわち伝統的信託法理に従う立場からすると，信認義務は注意義務と忠実義務の二つの部分を持って構成されていると考えられる。そのうち注意義務においては，取締役は善管注意義務を要求されるし，忠実義務は，取締役は会社と株主の利益に反する利己的な行動をしてはならないということになる。代理論者からすると，これら二つの義務における区別の必要は認められない。それらは代理関係にコストをもたらしている

---

(78) 「代理費用は経済学の概念であり，主に3つの内容を有している。(1)代理人が本人の利益最大化のために常に行動しているという補償は何処にもないということは両者の代理関係から十分に証明されている。したがって，本人は自己の利益を確保するため，自己の利益から一定の割合の「利益」を出して，代理人のインセンティブとして代理人に与えなければならないし，また代理人の行動を監視するために監視のためのコストをかけなければならない。これが「管理コスト」（monitoring costs）である。(2)代理関係の当事者双方が拘束されているが故に，本人は，代理人に対して自己の利益に損害となるような行動をしないように，またはそのような行動が起こった場合に，本人が代理人から一定の補償を得られるようにするために，代理人を拘束するための費用を支払わねばならない。これが「拘束コスト」（bonding costs）である。ほとんどの代理関係において，本人は，金銭的な形の支払いでなくても，「監視コスト」と「拘束コスト」を支払っている。しかし，これのみでは足らず，授権を受けた代理人の政策決定と，本人の利益の最大化を図るものとして期待された決定との間には必然的に差異が存在する。したがって，(3)その差異はすなわち利益の還元値の差であり，本人にとっては「収益差損失」（residual loss）である。これも代理関係にともなうコストである。したがって「代理費用」は，監視コスト，拘束コストと収益差損失によって構成されている。」王君・前掲書，170ページ。

という意味において，何ら差異はなく程度の差でしかないからである。究極的にはそのように考えることにより，会社を取り巻く法体系をできるだけ簡素化し，その規制の緩和が経済全体をより発展させることになる，という構成であろう。

3 日本法への提言

上述のごとく，日本法では取締役と会社との関係を委任関係として位置付けており，代理法理には立脚していない。しかしこの両者の相違点は法の強制介入を正当化できるかどうかという点にあり，少なくともコーポレートガバナンスの見地からすればそれ以外の諸点は現実的には大きな差異とはいえない。「委任は当事者間の信頼を基礎とする契約であるという特質があり，それゆえ民法上の信義則について配慮しなければならない」という議論[79]があるが，程度の差こそあれ代理についてもその契約は信頼を基礎としている。したがって法介入の是非に議論を絞って考えたい。

現代における株式会社は，従来に比べはるかに多くの明文的契約関係の中にある。その意味で属人的，暗示的部分は大きく減少したというべきであり，株主と取締役の信認関係についてもその契約的範囲が広範で明文化することができないといっても，企業社会の進展と情報化，明文的契約関係の増加と法の徹底，訴訟の一般化などの傾向により，信頼関係，信義則の存する部分は著しく減少したというべきである。

企業社会において終身雇用，家族的経営の時代は去り，その意味において法が強行的に介入せねばならない機会は少ない。取締役と株主の紛争は必ずしも減少していないと思われるが，むしろこれらの解決は新規の状況，すなわちTOBやその防御策のごとく，判例の積み重ねによるべきであり，企業社会においても価値観の多様化が進む現在，委任法理に根拠を置く法介入を是認する考え方は時宜にそぐわないのではないだろうか。

もちろん強行法たる会社法による一般的な法介入は今後強化されると思われるが，株主と取締役間の信認関係については法介入はふさわしくなく，それ以外の問題については法規制とその介入を強化すべきであろうと思われる。

---

(79) 森本滋「取締役の善管注意義務と忠実義務」民商法雑誌81巻，472-475ページ。

第2節　コーポレートガバナンスの目的

1　問題の所在

　コーポレートガバナンスの目的は，第2章でみたように「会社自身」による株主の所有権の縮減という現状に対して，これをどのように防ぎ，現状の株主の権利をどのように擁護，前進させるかというところにあると思われる。巷間言われるような経営者の非行を防ぎ能力を問うという課題は二義的問題ではないだろうか。経営者の非行，すなわち粉飾決算，違法配当，背任などの防止は法執行の徹底に関する国家的，行政的な問題として考えなければ解決がつかないことは，度重なる商法改正にもかかわらず個別の企業ではモニタリングの実が挙がっておらず，同種の事件が頻発することにおいて明白であろう。

　このように経営者の法遵守が不十分であれば，経営者の支配下にある企業内モニタリング組織に期待するのではなく，企業外に経済警察的なものを創設することが実効ある対策であろう。すでに国税庁，税務署が税法に関するそのような機関として，あるいは労働基準監督所が労働諸法規に関して，さらには証券取引法に対しては日本版SECが存在している。

　密告的なイメージを懸念する向きもあろうが，アメリカではインサイダー取引のほとんどがこのような内部者の通報によって摘発されていることも見ても制度整備は急務である。複雑化した経済社会の一員として，そのような不公正を通報することは市民の義務であろう。

　このような経済社会における治安維持は必要だが，それが裁判所頼み，経済警察，もしくはSEC頼みになってはいけない。取締役の本来の任務からして，そのような状況に至る前に，それを予測し防止する能力をもたねばならない。さらに四半期決算の開示，有価証券報告書，目論見書の改善なども前提として整備されなければならない。

　後述する通産省報告書でも「会計監査人と監査役，経営陣との馴れ合いが生じないよう，我が国でも，一定の場合には，会計監査人が違法事実を第三者機関に早期段階で報告する制度について検討する必要がある。」とされている。前述の理由によって賛成したい。

また，経営者の能力とそれによって生み出された経営数値について，責任を問うという点がコーポレートガバナンスの目的とされる場合も多いが，これについては，会計学における EVA などの経営効率に関する統一基準の策定と浸透，さらには財務会計だけでなく管理会計，たとえば部門別管理表のディスクロージャーなど，株主の判断のために前段的に必要な要素が大きく，それらを完備することなしに個々の取締役の能力査定をするということにはならない。経営能力を示すそれらの諸要素について開示の法整備を行い，株主に対するディスクロージャーを徹底した上で，株主が更迭の権限を株主総会で実行するという点において，株主による企業所有権の発露を確認すれば足りるのではないだろうか。

　現代の巨大公開株式会社において少数株主は，株式所有に基づいた会社運営に対する影響力行使の可能性を持たないがゆえに，株主総会やその他の企業活動に対する参加意欲をそがれている。また限定された株主権を発動しようにも，必要な情報が開示されていない。コーポレートガバナンスのあるべき改革の方向性は，まず「経営者支配」の基本的原因となっているこのような株主の所有権毀損の現状を，法的な整備によって回復することでなければならない。

　今後の状況については，インターネットの発展によって個別の会社の一般株主が団結する可能性も十分ある。また個別企業の詳細情報にアクセスすることもより容易になるであろう。さらにネット上での総会実施が可能になれば少数株主権行使の条件は整い，「経営者支配」の現状も大きく変わるであろう。そのための法制度の整備は急務である。

　2　通産省「21世紀の企業経営のための会社法制の整備」について

　平成 12 年 12 月 8 日に，通産省の産業構造審議会総合部会新成長政策小委員会企業法制分科会の報告書が発表された。その個別項目については次節で検討するが，目的としていることについて考察したい。

　この報告書要旨において「会社法制を常に企業活動を取り巻く環境に適したものとしておくことは，我が国経済の活力の維持・向上のために不可欠である」とし，「21 世紀を目前にして，我が国の経済環境は，大きく，かつ，急速に変化している。この変化の中，我が国経済を変化させるためには，我が

第4章　現代のコーポレートガバナンスへの提言

国企業が，経済社会の多様な変化に対応し，効率的かつ活力ある経済活動を行えるよう，企業組織再編法制の整備に加え，多様な会社の内部組織・システムの選択，機動的かつ効率的な経済活動を可能とする方向で，会社法制の抜本的な見直しを行うことが，経済構造改革の一環として，喫緊の課題となっている。」と目的について述べられている。

そして「見直しの方向」として

1．迅速・機動的な意思決定のための環境整備
2．経営システムの選択肢の拡大
3．公開会社の市場からのモニタリングのための制度整備
4．非公開会社を中心とする多様な資金調達等のための環境整備
5．IT化の進展に対応した会社法制の整備

の5点について改革の方向性が，学説の紹介も含めかなり具体的に展開されている。

この要旨の中で「コーポレートガバナンス」という語句については2ヶ所に見られる。1ヶ所は，「Ⅰ．会社法整備の必要性，1．企業を取り巻く事業環境の変化，⑵資本市場の変化，①間接金融から直接金融へのシフト」の項目で，「メインバンクによるコーポレートガバナンスのメカニズムは弱体化した」「近年，我が国企業は，自らの最適なコーポレートガバナンスのあり方を模索し，取締役会改革等，さまざまな取り組みを始めている。有効なコーポレートガバナンスの構築は，機動的な経営とあわせて，我が国企業の競争力の強化に不可欠な前提である。」という部分である。

もう1ヶ所は，「Ⅱ．見直しの方向」の前文で「こうした取り組みを含め企業経営に対する市場によるモニタリングが機能し，市場において適切な評価がなされ，その評価が経営にフィードバックされるシステム，すなわち，コーポレートガバナンスが有効に機能することが必要である。」と触れられており，それに対応する要旨本文にはコーポレートガバナンスという語句はない。

「21世紀の企業経営のための会社法制の整備」という報告書の名前から推測できるように，この報告書全体のトーンは企業が21世紀の全世界的なメガコンペディションに勝ち抜くために必要な会社法制の変更点をまとめている。それは今日まさに喫緊の課題であると思われるし，個別の変更提案につ

いても次節で検討するように賛同できることが多い。そもそもコーポレートガバナンスについても，とりわけ経営学の立場からは「企業をいかに効率よく運営するか」という立場から論じられていることは周知である。

しかし，これまでみてきたような，株主権の毀損とその回復という点からはほとんど記述がない。コーポレートガバナンスについても，株主と経営者の利害調整というよりも，経営効率化の視点から企業組織をどう変革するかという視点でのみ語られているように感じられる。

もちろんモニタリングを強めても経営の結果が悪ければ何にもならない。そのためにこそ，これまで経営判断原則の確立など，効率性・迅速性の向上を目的として取締役の裁量権の拡大が行われてきた。しかし今回の提言では，それを超えて株主権毀損というべき内容であると考えられる。

たとえば「株主総会専決事項の縮小」として，株主総会の決議の必要な営業譲渡を現行の「重要な一部の営業譲渡」から「純資産の20％超」に，株主総会の決議の必要な合併・株式交換，会社分割等について，現行の「総資産等の5％超」から「総資産の20％超」に見直しが提案されている。また「取締役会専決事項の縮小」として，「財産の処分等の業務執行」「支店及び重要な組織の設置等，支配人及び重要なる使用人の選解任等」「新株，新株引受権附社債，転換社債の発行」について，それぞれ相当部分を取締役会決議事項から外すことが提案されている。さらに「経営執行役」として業務執行の責任者（現行の代表取締役など）を取締役以外から選ぶことを可能とすることを提言している[80]。

これらは株主の共益権に関するこれまでの議論から見ても，あるいは株主が選ぶ取締役（会）の権限縮小という点からしても，明らかに「株主権の縮減」[81]といわねばならない。21世紀の公開企業の経営において，今報告書で企図されているような経営の迅速・効率化は重要であるが，それ以上に株式市場に潤沢な資金が集まり，株価が長期安定的に向上するような株主権毀損の回復が重要なのではないだろうか。

「株価や格付けなどの直接金融市場における評価が，企業経営にとってき

---

(80) 通産省「21世紀の企業経営のための会社法制の整備」，要旨図表。
(81) 注(80)報告書，26ページ脚注。

わめて重大な意味を有することとなっている」[82]とあるが，まさにそのとおりであって，近時の日本株式市場の情勢は世界的な資金の流れから外れてしまった観がある。その原因はまとめて言えば，ディスクロージャーなども含めて株主にそれ相当の権利を与えていないことに存する。それをまた「縮減」すれば，日本の株式市場全体の評価が下がり，報告書の企図するところと逆の効果が出ることとなる。

経営の効率化・迅速化のための改正が提起されているが，これらは経営の現場から考えて，さほどの利益や省力化に貢献するとは思えない。それよりも21世紀の会社法制の基本は株主の誘因（インセンティブ）確保にあるべきではないだろうか。これまで見た歴史的・理論的・世界的経緯がそれを示唆している。

株主総会の内容を減らすことになるこの提言については，株主が総会に足を運ぶ誘因を減少させ，株主総会をさらに空洞化させる。コーポレートガバナンスの基本は，第1章でみたように「経営者支配」に対する株主のモニタリング機能の回復におかねばならないのに，「剰余金を株主に変換するのがよいか，企業成長のための再投資にまわしたほうがよいのかについて，当該企業を取り巻く事業環境や起業経営に関する知識を有していない株主が合理的な判断を下すことを期待するのは酷であって，」[83]という考え方では総会に株主が集まるとは考えられない。

そもそも社外取締役にせよ，株主にせよ内部者ならぬ外部性に期待してそのモニタリング機能に信を置くのであり，内部者でないがゆえに「合理的な判断を期待するのが酷」とは本末転倒ではないだろうか。

「公開会社の場合，株主は，株式を金融商品と認識しており，株主総会における議決権行使を通じて企業経営を監視することには強い関心を有していないのが一般的である。」[84]とあるが，少なくとも機関投資家については日米ともにこれとは逆ではないだろうか。「株主間対立」という研究テーマも存在しており，零細株主と機関投資家とを同列には論じられないとすべきであ

---

(82) 注(80)報告書，19ページ。
(83) 注(80)報告書，28ページ。
(84) 注(80)報告書，22ページ。

ろう。

第3節　公開企業におけるガバナンス改革の方向性

1　社内取締役の部門別配置と業績開示

　株主の企業所有権の発露において，一番重要な機能は取締役の任免である。株式会社という「工夫」の最重要要素が，複雑化した経営に対応した専門経営者への経営の委任であるとすれば，その実態を正しく把握し，適切に任免を行うことこそコーポレートガバナンスの根幹であろう。

　日本における現行会社法においても，株主は取締役を個々に任免する権利があるが，それが実質的に行われるためにはそれぞれの取締役の担当分野とパフォーマンスを知ることが前提となる。最高裁判所判事の国民信任投票でも個々の裁判官の判断を知って投票する制度になっており，取締役の任免においても取締役の担当分野の業績と意思決定とを判断して任免するのが当然ではないだろうか。現在の制度では取締役は肩書によって担当分野が推定できるのみであり，その部門別業績は不分明である。コーポレートガバナンスの本質的行為は株主の所有権の日常的な管理者たる取締役の任免であるとすれば，そのための資料として部門別決算の開示が不可欠である。

　公開会社はその規模と会社自身の判断に従っていくつかの部門に社内を画然と財務上分割し，部門別管理を行うことを証券取引法で定めるべきであろう。さらにそれぞれの部門に担当取締役を置き，判断の実績と部門別決算とを公開すべきである。

　これによって株主はどの取締役が株主価値を増大，もしくは減少させているかを判別でき，取締役の任免に対する判断をより適切に行える。さらに社長の取締役任免人事の適切性も判断でき，情実人事の介在する余地はなくなる。また部門別決算と重要判断とを開示することにより，「経営者支配」による不良資産，不良在庫の隠匿などについても，業界平均の係数と比較することによってその余地を減少させられる。

　これを実施する場合の開示コストも，管理会計として部門別管理をしていない公開企業は皆無といってよく，それを公表するだけであるから問題とはならない。但しこれを算出する場合の，本部経費の按分についての原則等は，

企業会計原則などの整備を必要とするであろう。このような試みは, 目的は違えすでにトラッキングストックの実施過程[85]で行われているのであり, 会計基準もそれを援用し, 検討すれば足りる。

　この点については民法644条の観点からも検討することができる。すなわち第1節で見たように, 取締役の忠実義務は民法644条が定める善管注意義務と同一視できるとすれば,「商法281条以下は株式会社の計算について詳細な規定を置いており, ここに定められた義務に従うことによって, 少なくとも帳簿上の分別管理はなされることになる。」し[86], さらに民法646条が定める期限の定めのない債務の性質として,「受任者は委任者からの催告に備えて, いつでも引渡し・移転のできるように準備しておかねばならないと解するならば, 受任者は事実上, 分別管理義務を負うことになる。履行の準備として分別が必須だと考えられるからである。」[87]となり解釈によっては取締役の分別管理義務, すなわち部門別管理義務が成立する。会社法の民法からの独立性を考慮すると, やや形式論理に過ぎるとの批判もあろうが, 今後検討していきたい。

2　連結財務諸表と時価会計

　連結財務諸表については1997年に改訂基準が発効した「連結財務諸表の見直し」によって連結財務諸表が主, 個別財務諸表が従という位置付けになり,「連主個従」と呼ばれる体制になったことは非常に効果が大きい。連結財務諸表に含まれる子会社の範囲を, 従来の発行済み株式の50％超を親会社が持っているかどうかの形式基準から, 社長選任権等の支配力基準に変更したことも評価すべきであろう。

　これにより赤字子会社の連結外しによる粉飾決算を予防できる可能性が向上した。またキャッシュフロー計算書も個別から連結ベースに変更され, 事業別セグメント情報も開示されるようになったことは,「1　社内取締役の部

---

(85)　本論文執筆時点で, ソニーが子会社SCNのトラッキングストックを, 2001年初頭を目途に発行する予定であることが発表されている。
(86)　道垣内弘人『信託法理と私法体系』有斐閣 (1996) 153ページ。
(87)　前掲注(86)書, 152ページ。

門別配置と業績開示で主張した考え方の一端が採用されつつあることを示しており，喜ばしい[88]。さらに証券市場全体の法整備とその結果としての活発化が待たれるところである。

またゴルフ会員権を含む有価証券に時価会計も採用され，それゆえに日本的株式の持ち合いも解消される方向性にあり，コーポレートガバナンスに資するところ大であると思われる。

しかし投資有価証券の場合，貸倒れ引当金を計上するタイミング，さらには減損処理をする条件などは会計基準として手引きが用意されているだけで，恣意的な運用は一定程度可能である。さらに販売用不動産以外の固定資産としての不動産についての時価評価は行われないので，それが時価評価されたときに予想される衝撃の大きさを考えると，課題を後に残しているといえよう。

投資家への現在価値についての情報開示という点では時価会計は有効であるが，取得原価主義の長所として経営者が取得原価に比べてどれだけ価値を増大させたかを明示できる，という点があることも見逃せない。

3 社外取締役

少数株主の代理人としての社外取締役の存在価値も近年高く評価されている。アメリカでは社外取締役は社内取締役に比べ株主との利害対立が少なく，経営に関与していないという意味で「独立取締役」として，会社管理に参加し株主の最大の利益を守ることができるとされた。また最近では支配権争奪にともなう会社の売却または諸数株主からの株式買取価格について，社外取締役の判断を公正と考える方向にある[89]。

株主代表訴訟において多くの州では，利害関係を有しない(independent)取締役で構成される取締役会の下部機関たる特別訴訟委員会に，会社訴訟に関する権限を委譲することが認められている。特別訴訟委員会が訴訟を終了させると決定した場合には，経営判断原則により，それが自動的に尊重される

---

(88) 黒川行治・深尾光洋・澤悦男・黒田昌裕「座談会 会計基準の改定とコーポレートガバナンス」三田評論 No. 1029 (2000) 6ページ以下を参考にしている。

(89) V. Weinberger, UOP. Inc 457 A. 2d 701.

第 4 章　現代のコーポレートガバナンスへの提言

州すらある(90)。

しかし社外取締役の必要性と実効性とは，支配的大株主の有無，機関投資家の大株主としての存在の有無などその企業の大株主の力関係によって大きく異なり，それゆえ多くを期待することはできないとも考えられる。また社外から選ばれた取締役も，いったん選任された後は TOB の場合など，職を失うという点において社内取締役と利害をともにする場合が多い。本職を持っており，十分な時間も取れず，必要な情報ももたない兼任の社外取締役ではオーナメントの域を出ないのではないか，とする議論もある(91)。

けれども社外取締役の大部分は他企業において取締役相当の経験を有するものであり，それゆえ必要な情報を有しており，経済的にも社内取締役に頼ってはいないゆえに「独立性」は期待されうる，ともいわれている。

私見によれば，経営に外部的要素を導入することは重要であるが，経営者以外の意見を反映するとすれば，まず第一に株主の意見を反映すべきであり，そのためには株主総会の実質化が急務である。CEO の選ぶ社外取締役によって株主利益を図るとするのは，上で見たように必ずしも社外取締役が独立していないという点で問題なしとしない。そして財務会計のみならず管理会計，なかんずく部門別決算とそれに先立つ部門長の経営判断を公開し，株主を全員参加させる株主総会をネット上で開催することこそ，株主の本来の所有権を回復させ株主利益にかなうものではないか。経営者が社外取締役を抱きこむことは容易であるが（抱きこめる取締役を任命しさえすればいい），株主全体を抱き込むことは不可能であろう。

また近年 CEO (chief executive officer，最高経営責任者)，COO (chief operation officer，最高業務執行責任者)，CFO (chief financial officer，最高財務責任者)，CIO (chief information officer，最高情報責任者) など機能別責任者の役割が注目されているが，それらはコーポレートガバナンスからすると職能的な役割分担でしかなく，M＆Aなどが頻発する現在においてはより重要な要素は擬似企業たる部門別の収益と，その取締役の株主による任免である。

前掲通産省報告書においては，社外取締役制度をさらに進めたものとして

---

(90)　Auerbach v Bennett, 393 NE2d 994, 1001－1002 (NY 1979).

(91)　Brudney, supra note (4), at 633－4; Eisenberg, supra note (1), at 141-4.

「経営執行役(仮称)制度の創設(代表取締役制度の見直し)」が提起されている[92]。この制度では「業務執行権を有する者(現代の代表取締役等)を,経営執行役(仮称)(代表権を有する場合は代表経営執行役(仮称))として,取締役以外の者からも選任できるものとする。」とされている。

その理由として「……代表取締役は……社長等を兼ねるケースが多く,業務執行において社長等の指揮命令下にある業務担当取締役や使用人兼務取締役が,取締役会の構成メンバーの多くを占めていることから,取締役会が社長等である代表取締役の業務執行を十分に監督できないとの指摘がある。

そこで,代表取締役をはじめとする業務執行権限を有するものを取締役以外から選任することを可能とする必要がある。」とされている。

さらに「経営執行役は,自らの所掌する業務に関わる『執行責任』だけを負い,従来の代表取締役や業務担当取締役が負っていた『自己の担当業務に属しない他の業務執行担当者に対する監督責任』から解放される」とある。

脚注(2)で見たごとく,株主との関係において「強度の経営者支配が行われている」というのが通説的立場であろう。さすれば代表取締役の任免を株主から間接的な位置に置くことは決定的な株主権の縮減になる。包括的に業務執行を取締役に委任している株主の立場からすれば,株主権の発露は,当該取締役の任免でしかありえない。これまでの企業不祥事をみたとき,その責任は唯一の権力者である社長に帰する場合が多数であったが,それを株主が多数決をもってしても解任できないとなると,機関投資家,大株主の株式所有リスクは増大する。とりわけ支配的大株主の場合,これまでの「所有と経営の分離」という傾向に逆行する動きが出る可能性がある。

また始めに挙げられている理由についてであるが,代表取締役はこれまでも取締役の互選で選ばれている。したがってこのような制度ができたとしても,取締役が考えている最適任者は同じであるので,代表経営執行役には同じ人間が選ばれるのではないか。これまでも外部者がいきなり社長に選ばれることはあったのだから。

総じて「経営執行役」については目的,理由,意図が判然としない。モニタリング機能を求めない「経営執行役」に外部性は必要ないし,単なる取締

---

(92) 注(80)報告書,41ページ。

役の免責であれば，その範囲での法改正が適当であり，会社サイドでは取締役の数を絞り，執行役員制度を創設すればいいことであろう。屋上屋を架すの観を免れない。

4 配　　当

法的には配当，すなわち利益処分の株主総会提案権は取締役会にゆだねられており，アメリカでは利益処分は取締役会のみで決定し，株主総会には提出されない。また近時のベンチャービジネスにおいては，株主もキャピタルゲインを求め，配当可能利益を再投資にまわすことを望むことも一般的である。

しかし，資本が生み出した配当可能利益は株主のものであるという原理的考え方からすれば，全額が自動的に配当，もしくは株主の処理にゆだねられるべきである。そのような株主主権の考え方にたてば，配当性向が問題になること自身が問題であろう。

もちろん取締役は従業員の給与を決定するとともに，配当の原案も決定することは定められているのであり，ステイクホルダー全てとの利害調整機能も含めて株主から委任されている。しかし近時の配当の実態は株主軽視，もしくは無視といわれるごとくそれ自身を問題にしなければならない低水準にある。

もっともこの2～3年は例外的に，日本において配当性向は上昇する傾向にあり，1998年の全上場企業平均は71.1％になり過去の数値を大きく上回っている。また1999年においては100％を大きく上回った模様である。これは配当が上がったのではなく，業績が低迷し赤字の会社も続出しているからである。

そのような場合にも安定配当を継続することによって自らの地位を守ろうとしている経営者もあって，このように配当性向が高いと考えられる。当期損失を計上しているにもかかわらず，繰越利益などの配当可能利益があるとして配当を継続する企業も存在し，企業資産の一部を配当にまわす（いわゆる蛸配当）違法行為の疑いすらあり，株式会社の資本維持原則に違背するといえる。したがって近年の配当性向の上昇を株主の所有権回復の兆しとは判断できない。

経営者の立場からすれば外部流失たる配当より，自らのコントロール下にある内部留保として，費目としては利益準備金より当期未処分利益として，残したいというインセンティブが働くのは当然である。株主の所有権を回復させる立場からすれば内部留保を防ぐ手立てを講じなければならない。利益準備金の強制積立てや時価発行増資の資本準備金参入のように，配当可能利益の70％以上を配当しなければならないという強行法，ないしは上場規則が当面必要であろう。その上で配当額限度内でプレミアムつきの株主割当時価発行増資を毎年行う努力目標を設定し，自己資本とキャッシュフローの充実を図れば企業の手元流動性は現行と大きく変わらない。

これによって少なくとも経営幹部は自身の配当を再投資にまわさねばならず，損失がなく利得のみ発生するストックオプションよりよりインセンティブの意味合いが大きくなり，それゆえ株主とさらに利害が一致し，好ましい。また株主は，経営者の再投資の状況を見て自らも投資することができ，ディスクロージャーとしても現在の無責任な次期予測より効果的な方法になるだろう。

前掲通産省報告書では，「公開会社について，経営判断事項である利益処分を，原則取締役会決議事項とし，必要的株主総会決議事項から除外する」[93]と提言されているが，反対する。

報告書では株主は「十分な情報を有していない」「仮に情報を得たとしてもそれを分析するにはコストや知見等を要し」「多数決で決める必然性はない」「利益処分に不満の株主は市場での売却が可能」などの理由が挙げられている。

しかし問題は配当可能利益が誰のものかということである。それは明らかに株主のものであり，第2章で見た通りそれ以外の答は理論的にありえない。そこをあいまいにしたまま，経営効率化・迅速化のために共益権のみならず自益権までも取り上げれば，現在の低い配当利回りも相俟って，株式という商品が債権以下の魅力しかない商品に成り下がってしまう。確かに配当が株主の意志によって定まる，ということは一定の混乱を招来し[94]経営陣に

---

(93) 注(80)報告書，25ページ。
(94) しかしこのような形式の実例として，株主会員制のゴルフ場の運営がある。これらのゴルフ場では，現在でも数百人から1,000人以上のメンバーが相等しい権利を有

第 4 章　現代のコーポレートガバナンスへの提言

とっても脅威になるであろうが，日本の公開会社において経営者支配による低い配当性向こそが問題であり，株式市場の長期低迷の原因である，という認識にたてば，それを改善する方向での施策が必要になる。

　近時の法と経済学の立場からは，株主のものである利益について株主件の本来的な権利からして，「配当と社内の留保の比率に関しては，株主ごとに異なった選択が可能」[95]とする説も提出されている。

5　経営者の特権開示

　企業経営者といってもその定義は難しいが，ここでは取締役全体を指すのではもちろんなく，CEO と，CEO になりうる客観的可能性のある役付取締役とを指す。それ以外の取締役，執行役員は経営者意識を主観的にもっているにせよ，あるいはその専門性ゆえ高給を食んでいるにせよその役割は限定的であり，株主から「会社自身」に移行した所有権の一部を簒奪し意のままにする，という「経営者支配」の定義に当てはまらない。

　俗にいう経営者の「三種の神器」とは秘書，個室，専用車であり，「五種の神器」となるとこれに交際費とゴルフ会員権が加わるそうである。これだけのフリンジベネフィットでも報酬を超える金額になる場合も多く，小規模公開企業では配当可能利益を圧迫することもある。さらにストックオプションがこれに加わる。米国ディズニーのアイズナー会長のストックオプション総額は邦貨 300 億円に達したこともあり，大企業においてですら配当可能利益との関係で無視できる額ではなく，株主への配当を圧迫している額と言えよう。

　もともとストックオプションは株主が経営者に対して提示するインセンティブであったものが，経営者が自分で決定して，自分に対して提示するものになってしまっている。そうであれば株主から経営者への所得移転というべきであり，経営者が短期的に利益と株価とを操作すれば，株主価値に対す

　　して株主総会を開催し，配当に該当するプレー料金から食堂料金まで直接参加で決定している。混乱で運営不能に陥ったという話は聞かない。基本的利害を一にしているからであろう。
(95)　三輪芳朗・神田秀樹・柳川範之編「会社法の経済学」東京大学出版会 (1998) 146 ページ。

る重大な侵害となる。近年喧伝されているストックオプションであるが、その本質的性格において、報酬を自らが決定し自らに与えるという「経営者支配」の典型であり、問題としなければならない。ストックオプションについては株主総会に議案として提出され、それゆえに株主総会で担保されている、とする論もあるが、資本運動とそれに伴う経営者支配の実態を問題にする立場からは、株主総会の空洞化によって経営者の意のままになっていると考えるべきであろう。

役員報酬やストックオプションなどの経営者の特権については、それが詳細に公開されていない現在、まず個別の付与額を開示することが先決であり、その多寡について株主が判断し、取締役の任免、あるいは株主提案などの権利行使において賛否を表明すべきであろう。

もちろん専門的経営者が要求される技術の水準は過去に比べて著しく上昇しており、そのようなスキルを求める場合の対価も上昇して何ら不思議はない。しかし高額な対価を支払う場合には、とりわけ任免について業績を反映した厳しい基準が必要である。

現在は個人別の役員報酬すら公開されていない状況であるが、アメリカにおける経営者報酬開示ルール（1992年）のように明示し、個別のストックオプション、さらにフリンジベネフィットをも公開することを株式公開会社は上場規則で義務づけるべきである。これによって業績悪化会社の経営者がゴルフに興ずるなどというモラルハザードは大きく改善する。
業績とフリンジベネフィットを含めた報酬との相関性が絶えず明示されることにより、会社経営者性悪説にも対抗することになり、支配の正当性の議論において経営者の側に大きく貢献することになる。経営者報酬の透明化は企業社会に対する国民の理解に大いに資すると考えられる。

前掲通産省報告書には「取締役の報酬決定、利益処分（役員賞与）について株主総会決議事項から取締役会（報酬委員会）決議事項とすることを許容することが必要である。なお取締役会内に設置する報酬委員会（過半数を社外取締役で構成）を条件とすることを検討する必要がある」と提言されているが、上述の理由から反対する。

株主が、自己の所有物である配当可能利益から自己の判断でインセンティブとして与えるはずの経営者報酬を、経営者が自分で決めるとなればコーポ

レートガバナンスの基本が崩壊する。それを社外取締役が過半数を占める報酬委員会で決めるとしても，本質に変更はない。これに関して「株主の利益がどのようにインセンティブに織り込まれているかは，株式投資のための最も重要な判断材料の一つである。」(96)と考えるのが正しい認識であろう。

また前掲報告書においては，「ストックオプション等や，役員賞与，使用人としての給与を含めて，取締役・経営執行役（仮称）・監査役が企業から受領する全ての経済的利益を合算した実報酬額を具体的金額の形で開示する。

なお，事業年度内に得られる実報酬額が一定額を上回る者，あるいは，取締役・経営執行役（仮称）中の報酬額上位者（3名程度）の個別開示を義務付けることについて検討を進める必要がある。」とされている。公開される対象たる取締役のプライバシー保護の観点から，開示の方法も考えなければならないが賛成する。

6 株 主 総 会

以上のように株主権が回復された場合でも，株主権行使を行う場は基本的には株主総会である。しかし現実の株主総会には一般株主の参加は非常に少ない。これは出席することのインセンティブがほとんどないので，その意味では合理的な帰結であると同時に，経営の結果に満足しているという株主の意思表明の結果であると解すべき部分もあるだろう。しかし上で見たように現実に株主の所有権が毀損されていると考えれば，それを回復する機会として，株主の所有権行使の場である株主総会を実効あるものにすることは必要である。

これについてはインターネット上での株主総会開催によって，大きくその改善が図れると思われる。とりわけ各取締役の部門別決算と重要事項，重要判断を開示した上で，任免投票をネットで行い結果を公表すれば，コーポレートガバナンスの決定的な改革となるだろう。すでに GM においてその試みが始まっている。ネット上での投票についての技術的問題，セキュリティーも，デジタル署名の登場により大きく改善されている。株主による取締役の罷免については現行どおり3分の2の賛成を要する特別決議でよいが，

---

(96) 前掲『会社法の経済学』72 ページ。

その信任率を公表することで，株主の信任による取締役の義務を各取締役が再確認するよい機会となるであろう。

これによって株主の総会出席コストは大きく軽減され，しかも心理的な壁を感じることなしに総会に参加，発言，投票権の行使ができる。さらにそのことによって総会参加のインセンティブは大きく増大する。

前掲通産省報告書では「電子的手段による議決権行使及び議決権行使代理権授与（委任状の交付）を早期に認める」ことを提言している。これについて賛成する。その理由はこの報告書にはないが，株主に対する利益供与の根絶のためである。平成12年の利益供与要求在新設等の厳罰化によって，さらにいわゆる総会屋は沈静化しているが，それでも平成11年神戸製鋼所，平成12年クボタなど，摘発は続いている[97]。最終的に総会が全てネットで行われればこのような総会屋は消滅すると考えられる。総会の活性化のためにはこのような夾雑物を取り除き，株主のインセンティブを向上させることが必要である。

7 敵対的TOBとその防御策

日本ではいまだ本格化していない敵対的TOBであるが，その萌芽は存在しており，今後頻発するであろう。問題はそれに対する経営者の防御策の性格，つまり株主との信認関係において防御策が正当とみなされるか否かである。敵対的TOBは会社資産の有効利用について，改善の余地があると思われるときに行われるのが基本であるから，株式の値上がりと売抜けを目的とする場合以外は，TOB主体の経営陣への不信任の意向を含んでいる。仮に旧経営陣が再任されるにしても，新しい盟主を迎えるわけであるから，その経営陣はこれまでのような物言わぬ「会社自身」から支配管理権の全面委任を受け続けるというわけにはいかない。それゆえ経営陣は多くの場合このような敵対的TOBに反対し，防御策を講じる。

敵対的TOBに対する防御策は第3章第2節の「ユノカル基準」でみたように，一般的にその攻撃のレベルに応じた防御でなければならない，とされる。

---

(97) 編集部「2000年商事法務ハイライト」旬刊商事法務12月25日号（2000）36ページ。

第4章　現代のコーポレートガバナンスへの提言

しかしアメリカにおいて行われている現行の防護策は，多くは経営陣の保身あるいは高額の報酬を目的としたものであり，それらは強く制限されてしかるべきであろう。特にポイズン・ピルズ (poison pills) 条項による防御策などは株主の利益に反するものであり，アメリカにおいて80年代に「アクティビスト」と呼ばれる機関投資家を中心とした株主側から，TOB防御策に反対する株主提案が続出したことも納得できる。

　前にみたタイム社の事例に代表されるアメリカの判例，もしくは論調からは社会とTOBとの関係性も問われている。一般的なTOBにおいて経営者の交代の後には大規模なリストラが行われることも多いが，大量の失業者が出た場合，それは自治体にとってダメージであり，コストを地域社会に押し付けている，という論も散見される。その意味で地域社会も利害関係者の地位に立ち，その点からもTOB防御策は適法とされるべき，とするものである。

　しかし，企業の進出と撤退が地域社会に影響があるからといってTOBに対して法的に制限を加えることは社会的コストが大きい，といわねばならない。地域社会に考慮してTOB防御策を容認すれば，そのような判例に依拠する州法と裁判所に拠って設立されている公開会社の株価は，TOBによる値上がりもしくはモニタリングの可能性がないことを理由に値下がりすることになる。

　株式が市場で売買されている限りは，その集合体である会社も自由に売買されてしかるべきであり，取締役自らの保身のための防御策は，効率的な会社資産の運用を反映した株主価値の価格形成への妨害といえよう。

　無論TOBには当事者間だけの合意ではすまない問題も含まれている。そこにおいて会社は株主だけのものかという問題が再度問われよう。しかしこれまで見たように，理論的に株主権を解明することに，この複雑な方程式の解が存するのではないだろうか。

おわりに

　コーポレートガバナンスの先進国たるアメリカにおいて，コーポレートガバナンスの歴史とは，株主と経営者の利益相反の調整過程である。そして株主と経営者の緊張深化のプロセスともいえよう。しかしその過程で所有と支配，そして経営管理の本質的な解明にまで研究が及んだとは言いがたい。本稿ではその一端を解明すべく，コーポレートガバナンスの基礎理論に該当するであろう諸問題について論考した。

　アメリカ政治と同様経営の世界でも，これまで株主と経営者のパワーバランスによってコーポレートガバナンスが行われてきた。しかし現在，新たな世界的メガコンペディションの時代に至り，株主と経営者の関係は新たな緊張と新秩序創成の時代を迎えているといえる。株式市場の巨大化と投機性の増大は，経済学と会社法の基礎理論にも大きな影響を与えており，とりわけ所有と支配の理論は再構築の必要に迫られている。

　そしてそのダウンストリームたるコーポレートガバナンス理論も，株主と経営者のパワーバランスを説明し，円滑な経営実施を目的とするためだけのものでなく，所有と支配を歴史的理論的に解明する本質論が求められている。

　本編ははなはだ不十分ではあるが，その端緒として経営の現場を意識において執筆した。

第2編

効率的コーポレートガバナンスの研究

はじめに

1 本編の目的

本編の目的は，現在までのコーポレートガバナンスについての日米欧における議論と問題点を整理，相互比較し，効率性の見地から立法提言に始まり具体的経営機構改革に至る実践的コーポレートガバナンス論を提言することにある。

コーポレートガバナンス論は比較的新しい学問分野であるがゆえに，コーポレートガバナンス全体を概観するというよりは，「社外取締役の実効性について」など部分的な議論が大半を占めている。また日本におけるコーポレートガバナンス論の新たな出発点になるであろう平成14年度商法改正における委員会等設置会社を巡る議論においても，逐条的な問題点指摘は行われているが，議論の根底にあるべき理念的バックボーン（本論文の主張としては効率性の追求と外部ガバナンスの強化）からの抜本的な問題点提示と，それを根底に置いた各論としての取締役会や株主総会などの具体的改革提言は示されていない。本論文では現在の日本におけるコーポレートガバナンス論が上述のような点で不十分であり未整備であることを基本的問題認識として，政策的，戦略的見地からの体系思考を行い，経済学，経営学，会計学の分野での学問的成果を導入し，近年重要視されつつある効率性という視角から，コーポレートガバナンス論を再構成せんとするものである。

日本における大規模公開会社の経営は，商法の定める株主主権とは程遠い「終身雇用のシステムの中で従業員とその代表としての経営者が一体となって，企業を運営，支配している企業モデル」[1]が大半である。私の認識としては，これまではともかく，今後の厳しい国際的競争の時代においては，このような日本型モデルは世界に理解を求めるという点においても，競争に勝

---

(1) 花崎正晴・寺西重郎編『コーポレートガバナンスの経済分析』東京大学出版会（2003）3ページ。

つという点からしてももはや通用しないということにある。過去の日本においては，終身雇用，年功序列，企業内組合という「三種の神器」による家族主義的経営が幅を利かせ，経営者も内向きの姿勢で社外性の導入を拒み，株主本位の経営とは程遠い状態が一般的であった。日本におけるコーポレートガバナンス論の展開にはこのような日本型経営慣行の問題点を認識することが前提とならねばならない。日本型家族主義的経営手法には数々の美点もあるが，状況に機動的に対応する，あるいは株主利益を実現するという点において欧米形コーポレートガバナンスに比べ劣位にあると考えられ，現在の経済状況における国際的分業・相互依存体制や，その過程で生ずるスロートカットコンペティション（相手ののどを食いちぎるような激しい競争）において勝者となることは困難であるといわれている。さらには社会的厚生と資源再配分の見地からも正当性に欠けるシステムとも考えられよう。また公開株式会社の株式を一金融商品と考える立場からすれば，欧米の同種商品に比べて社外取締役の導入など社外性の確保，開示などのいわば品質が劣っているともいえ，そうであれば競争力に欠ける商品といえよう。トヨタやキャノンなど日本型システムを堅持する会社でも継続的に業績を上げている会社はあるが，これらの会社においてはオーナー家の存在など別の次元での緊張感が社内にあり，それらの会社の存在もってして他の企業がコーポレートガバナンス改革を進めない言い訳にすることは出来ない[2]。

本編は，著者自身の，もはや日本的家族主義的経営を肯定する立場をとり得ない，という認識が執筆の大きな動機となっている。

経済界もこのような認識を部分的には有しており，コーポレートガバナンスに対応する動きとしても，経済3団体の該当する委員会からの提言,「日本取締役協会」の創設など多岐にわたるが，経済界全体がこれまでの日本的家族主義的経営体制について深刻な反省に立っているとは考えられない。そのことは委員会等設置会社への移行会社が2003年3月期決算の上場企業において，未だ38社でしかない[3]ということに顕著に現れている。

---

(2) 矢野朝水「トヨタやキャノンを言い訳にするな」日経ビジネス2003年12月1日号42ページ参照。

(3) 「有価証券報告書の記載ペース」日経ビジネス2003年12月1日号38ページ。

本編ではこのような日本における旧態依然たる現状を射程におき，改革の方向性を示し，法律学における議論を踏まえて実効ある制度改革のための具体的な対案を提言する。

言及する対象は日本の東京証券取引所第一部市場に株式を上場している大企業，およびこれに相当する米欧の大企業で所有と経営が分離している企業である。また平成14年商法改正による委員会等設置会社を前提に論を展開する。したがって監査役（会）については論及を省略している。

また本論文においてはコーポレートガバナンス（Corporate Governance）に対して企業統治という訳語を随所で使用している。コーポレートガバナンスの訳語については「企業統治」が定着しているが，この訳語では政府・当局からの規制に重点を置くイメージが強く，適切ではないという議論がある。吉田直教授は「会社の（自立的な）経営管理」という訳語を提起されている[4]。

たしかにgovernという動詞は他動詞としての用例が多く，他によって統治されるという意味を強調した「企業統治」という訳語は，会社法が定めた会社機関によってのみ会社が統治された過去を引きずっているようにも思える。今後はマーケットや，外部ガバナンスシステムたる会社法，関係諸法令，さらにはSECなどの諸機関がコーポレートガバナンスのセーフティネットとして存在することを明確にしつつ，第一義的には会社内部における自由な言論と，会社機関と開示についての改革が経営の質を改善するという意味をこめて，将来的にはgovernを自動詞と考えコーポレートガバナンスを「企業自治」と訳すべきであろう。ただし現時点においては「企業統治」という訳語が人口に膾炙されており，本稿においてもその訳語を使用している。

また，コーポレートガバナンスは他の学問領域にもその裾野が広がる分野であり，それぞれの分野における学問的業績を理解したうえで論を展開しなければならない。経済学においては，コーポレートガバナンスとは株主の利益のためにいかにして経営者を規律付けるかということが大きなテーマとなっており，その問題を解決するためのさまざまなアプローチが存在する[5]。そのなかでも経営者に対する報酬制度や社外取締役の活用を通じて規律付けを行うべきであるという論が代表的であろう。また外部の資金提供

---

(4) 吉田直『競争的コーポレートガバナンスと会社法』中央経済社（2001）参照。

者が経営者を監視すべきであるというアプローチも有力であり，第1章ではその視点を含め日本的メインバンクシステムについて取り扱う。また広く社会的な枠組みの中で利害関係者(stakeholders)全体の問題としてコーポレートガバナンスを捉えるべきであるというアプローチも存在する。

　経営学の立場からは，企業経営について効率性を重視して考えることが多く，その点からすればコーポレートガバナンスとは「企業が効率性を発揮するための企業主権者の影響力の行使」[6]という定義になるであろう。この場合にも主権とは何か，主権者とはどこまでをいうのかという問題が発生し，一部従業員までを企業主権者に含むべきであるという従業員の役割を重視する日本的コーポレートガバナンス論も提起されている[7]。「主権」という概念は日本国憲法前文では，「国家の政治のあり方を最終的に決定する力」という意味で使用されているが，それを企業に敷衍すると，企業のあり方を最終決定する力は株主総会決定であるので株主主権となり，主権者は株主であるという結論になるのではないか。

　法律学からは，会社法を前提としたアプローチが基本となる。そのため会社機関の有効性などに議論が集中する傾向があり，上述の経済学，経営学からの問いに対して十分に答えきれていない。また「株主主権」という文言は会社法の範疇に存在しない。しかし立法論という視角から考えても，現行の会社機関の有効性についての議論に留まることなく進んで法整備を提起することを含め，あるべきガバナンスについて議論が展開されるべきであろう。会社法の見地からのみコーポレートガバナンスを考えれば，会社法の前提たる株主主権論に反するステイクホルダー論ははじめから否定され，上述のようなステイクホルダー論などの議論に答えきれないということになる。また「経営者支配」といわれている現在の公開企業における株主軽視の実状下で毀損されつつある株主権の復権についても，株主権の復権を経営機構や開示によって具体的にどう実現していくかについての議論が不足していると思われ

---

(5)　花崎正晴・寺西重郎編『コーポレートガバナンスの経済分析』東京大学出版会（2003）2ページ。

(6)　伊丹敬之『日本型コーポレートガバナンス』日本経済新聞社（2000）17ページ参照。

(7)　同上。

る。

　それゆえ本編ではコーポレートガバナンスを，経済学，経営学的な問いにも答えるべく，①会社は誰のものであるか，②経営者はいかに監視されるべきか，③経営者はどのように評価されるべきか，の3点に対しての答えと定義する。これはアメリカ的な問題の措定とも言えようが，委員会等設置会社が制度選択できるようになった平成14年改正以降の日本における商法改正に対する示唆も含め，法律学的な問題解決に比重を置く議論を展開する。上述の3点の問いについてさらに付言すると，

① 会社は誰のものであるか，という問いは主権者論であり，その答としては株主主権者論が商法の建前[8]であるが，近年は利害関係者（スティクホルダー）全体のものであるという考え方も台頭している[9]。主権者論ということからすれば，誰のものかということと共に，誰の利益のために運営されるべきかという視点から主権者を考察することによって議論の幅と厚みを持たせることも必要である。また利害関係者に配慮した経営を行うことが最終的な株主利益につながるとする折衷論の余地もある。株主主権の立場を取るにしても，その株主には将来の株主，すなわち投資家全体が含まれるのか，抽象的な株主がありうるかという議論にも触れなければならない。大衆株主時代といわれる昨今，誰もが株主になりうると考えれば国民全体が潜在的株主とすることも可能であり，そうした視点からはより公共性に重点を置いた議論が展開されよう。主権者論についてはこれらの点を考慮しつつ，コーポレートガバナンスの構造における具体的な主権の存在についても含め，日米の法構造の相違による主権のありようを第1章，第2章で概観し，それ以降主権に関連す

---

(8) 商法52条では会社は社団であると規定しており，その出資者である株主は社団の構成員であるから株主が主権者で実質的な所有者ということになる。また商法425条では，会社が解散する際には，債務を清算した後の残余財産は株主に帰属するとしている。すなわち最後位の劣後請求権者であり，そのことは株主が会社のリスクを負担する実質的な所有者であることの現れである。

(9) 株主の所有権については一般の所有権におけるような，支配，収益，処分の権利を伴うものではなく，公共性に限定される権利であると考えられる。憲法27条においても財産権の内容は公共の福祉に適合するように法律で定めるとしている。

る複数の項で触れるとともに，ステイクホルダー論についての著者なりの見解も含め，結論を「おわりに」で提示する。

② 経営者はいかに監視されるべきか，という問いはコーポレートガバナンス論の中の一部分である経営モニター論ということができよう。経営モニター論は第一義的には監視を担当する会社機関がいかにあるべきかという議論であって，株主総会，取締役会をどう構成し，監視が必ずしも行き届いていない現状の問題点をどう解決するかという制度論である。さらに近年の証券不祥事やアメリカにおけるエンロン・ワールドコム事件などの情勢を考えれば，SECや上場規則などの外部ガバナンス機構についても経営モニター強化のための有効な方法として重視して取り上げなければならない。モニターする対象も，最低限の基準たる公正性（適法性，健全性とも表現される）に限定する考え方と，会社発展のためのより高い基準として，経営の効率性(適正性とも言い換えられる)を含んでモニターするべきであるとする考え方がある(10)。本論文では題名にもあるように，後者の効率性が今後のコーポレートガバナンスにおける監視の視点として必要であるとの立場から論を展開する。それゆえ効率的コーポレートガバナンス確立のために，外部ガバナンスとして立法的諸措置，監視制度と開示の改革，あるいは会社機関における改革が必要であると考え，主要なテーマとして採り上げる。

③ 経営者はどのように評価されるべきか，という問いは,CEOや取締役,執行役が任免も含めどのような視点で評価され，報酬を与えられるべきか，そして報酬全体を決定する理念，組織，制度がどのようなものであるべきかという問題であり，ストックオプションや高額報酬問題のように近年になって①，②に新しく付加され，コーポレートガバナンスの重要な課題となっている議論である。これについては主要には，第4章第2節8「取締役の報酬」で採り上げる。ただし取締役，執行役の評価基

---

(10) 家近正直・近藤光男・吉本健一編『討論コーポレートガバナンス』学際図書出版（1999）3ページ。末永敏和『コーポレートガバナンスと会社法』中央経済社（1999）序文を参考にしている。吉本教授は適法性についてガバナンス以前の問題であると指摘されている。

準とその開示については該当する複数の項で論述する。

これらのコーポレートガバナンスの3つの定義からすると,企業統治という訳語は,②を中心的にイメージさせる。そもそも統治とは国家について一般的に使用される政治用語であるが,権力および権力者の監視が中心的課題になるという意味でコーポレートガバナンスの経営モニター論の目的に共通しており,その限りにおいて用語として有効であると思われる。

企業統治を議会制民主主義になぞらえて考えれば,企業統治(国家統治)の主権者は株主(国民)であり,その根拠は私的所有権(憲法における主権在民規定)である。また最高議決機関は株主総会(国会),主権者利益を代表する機関は取締役会(内閣)であると考え方もある[11]。もちろん大株主の存在やウォールストリートルールによる市場からの自由な退出など,コーポレートガバナンスはステイトガバナンスと異なる点も多く,いたずらなアナロジーは危険であろう[12]。

本論文の全体構造を前もって示すと,第1章,第2章で日米のコーポレートガバナンスにおけるそれぞれの固有の問題を検討しつつ現状について概観し,第3章でコーポレートガバナンスのあるべき目的(私見では効率性の向上)について検討し,第4章においてそのようなコーポレートガバナンス確立のための具体的な制度・機関等に関する改革提言を行う。そして最後に「会社は誰のものか」という主権者論に答える形で本論文の結論を提起する。

2 コーポレートガバナンス論の系譜

コーポレートガバナンス問題は,1602年オランダ東インド会社における史上初の株式会社の出現以来の問題であるといっても過言ではない。株式会社は世間に広く資金を募り,応募した株主はその出資した限りにおいて債務弁済責任を負うという有限責任を最大の特徴とする会社形態である。しかし17世紀以来18世紀中葉までは株式会社の実態は,企業家が自ら資本を投入

---

(11) このアナロジーは吉森賢『日米欧の企業経営』放送大学教育振興会(2001)16ページ図表1-1を参考にしている。

(12) 花崎正晴・寺西重郎編『コーポレートガバナンスの経済分析』東京大学出版会(2003)19ページ脚注参照。また同様の指摘が伊丹敬之『日本型コーポレートガバナンス』日本経済新聞社(2000)18ページにもある。

し，経営を行い，負債は個人資産によって弁済する無限責任に近い会社が一般的であった。株式会社がその設立趣旨に合致した多くの投資家から出資を糾合する形態に達するには，株式を証券市場に公開するような大規模会社が出現するまで待たなければならなかった。

そして科学技術の進展や産業革命によって企業の大規模化と業務の複雑化が進行し，これに対処し得る高度な経営的，技術的知識，スキルを有した専門経営者群が登場した。この結果それまではおおむね同一人物であった株主と経営者の分離が進行した。この資本と経営の分離によって，株主と経営者の利害相反が生起し，それゆえ株主が経営者を監視する必要ができ，それがコーポレートガバナンス論の淵源と考えられる。

資本と経営の分離については，アダム・スミスが1776年に発刊した「国富論」において「経営者は自分の金ではなく他人の金により経営を行うので，……無限責任会社の出資者が経営に注ぐほどの慎重な注意力を持って経営するとは期待できない」と，今日のコーポレートガバナンスの中心的課題である株主と経営者の利益の不一致について早くも指摘している。

1932年バーリーとミーンズはその主著「近代企業と私的財産」[13]において，アメリカにおける大規模公開企業の研究から，「所有と支配の分離」についてさらに実証的に指摘した。そして大規模株式会社においては，多数の零細株主が株主の大部分を占め，支配的株主がいなくなることによって，株式大量所有の背景なしに会社を経営者が支配する状況が生まれるという，いわゆる「経営者支配」について言及した。さらに経営者の利益はしばしば株主の利益と真っ向から対立することをも指摘した。経営者にとっての動機が自らの個人的利益であるとすれば，利益は自分が自由に裁量できる内部留保として企業の内部に蓄積し，外部にいる株主に配当などの形で企業収益を渡さなくなるのは自明であることを説いたのである。

バーリーとミーンズの先駆的理論を受け継ぎ，今日のコーポレートガバナンス論の基礎を成しているのが，ジェンセンとメックリングらによるエージェンシー（代理）理論である[14]。この理論では株主（依頼人，plincipal）と経営者（代理人，agent）の代理契約が会社の中心的構造であるとし，経営者

---

(13) A. A. Berle and G. C. Means., "The modern Corporation and Private Property" 1932.

は必ずしも株主の利益に従ってのみ行動するわけでなく，自己の利益を図り，それゆえ経営者と株主の利害衝突が生じるとされている。さらに経営に関する情報の非対称性，すなわち経営者は経営情報の全てを株主に知らせないという事実が存在するがゆえに，株主の経営者監視が不十分となり，それゆえ経営者のモラルハザード（道徳的怠慢）も生じるとしている。

ここにおいてコーポレートガバナンスの現代的問題にも通じる，株主と経営者の利益を一致させるための制度設計，経営監視機構，代理費用[15]をいかに低く抑えるか，などの諸問題が提起された。

またいわゆる法と経済学 (law and economics) 派のコーポレートガバナンス論に対する影響も見逃せない。代表的論者であるイースターブルックやフィシェルは，会社を雇用契約など種々の契約の束 (nexus of contract) として捉えた[16]。この論理は英米法における信託契約的，あるいは組合契約的な流れを汲み，現代の規制緩和の潮流にも通じている。また同学派の同じく代表的論者であるコースの経済効率論[17]を理論の根底に置いて，会社法の進むべき方向性を示している。

しかし，会社法全体を考えれば，現代の経済界における証券不正などの不正事件の実情を持ち出すまでもなく，経済的効率論やマーケットメカニズムだけではコーポレートガバナンスの諸問題の解決は難しい。むしろ市場メカニズムやコーポレートガバナンス率的市場への期待など幻想であるといえるような問題が生起し，強行法としての会社法の必要性が日々確認されているのが現状である。

---

(14) M.C. Jensen and W. H. Meckling., "Theory of the Firm; Managerial Behavior, Agency Costs and Ownership Structure" Journal of Finance Economics, Vol. 3, 1976. p. 305.

(15) agency costs，契約策定のための費用，監査のための費用など。

(16) F. H. Easterbrook and D. R. Fischel, The Corporate Contract 89 Colum.Law Rev., 1989. p.1416. および F. H. Easterbrook and D. R. Fischel "The Economic Structure of Corporate Law" Harv. Uni.Press, 1991.

(17) R. H. Coarse "The Firm,The Market and The Law" Uni. Chi. Press, 1990., 訳書として宮沢健一他訳『企業，市場，法』東洋経済新報社（1992）。

3　現代のコーポレートガバナンス論

　現代のコーポレートガバナンス論においては，先ず経営者に対する監視について内部監視（internal control）と外部監視（external control）に大別して考える場合が多い。内部監視は企業内部の利害関係者による監視であり，株主総会，取締役(会)，監査役(会)，企業内労働組合などがこれに当たる。外部監視は企業とは利害関係にない外部主体による監視で，メインバンク，機関投資家，会計監査人，市場，行政機関，報道機関が該当する。

　内部監視のための会社機関，すなわち株主総会，取締役会の監視機能については形骸化・空洞化していると言われてから久しい。取締役会の監視機能強化については社外取締役の導入，最高経営責任者と取締役会議長の分離などなど社外性の強化によって解決がなされようとしているがいまだ問題は未解決といえよう。また日本的メインバンクの経営監視機能については90年代日本が経済発展を遂げていた時期にはJモデルとしてその効用が世界的にも評価されたが，その後の日本における経済低迷期の到来とともにそのような論調は姿を消した。しかし私見では第1章で展開するようにメインバンクのモニタリング機能は日本やドイツにおいては依然として一定有効であると考えている。逆に機関投資家については第2章で触れるように，経営監視のインセンティブと能力が不十分であると考える。

　外部監視でもっとも議論の対象になるのは，株式市場におけるTOBなど会社支配権売買などを通じた経営監視機能である。株主から見て満足な会社経営が行われていない企業について，経営資源の本来価値以下に時価総額が下がることによって，他企業による買収を通じて経営者が交代させられ経営資源の最大限活用と資源最適配分が実現し経営の効率化が行われる，というものである。これによって，高い生産性，競争力，投下資本収益率（ROI）が実現し，株主利益が実現することになる。しかし市場がこのように効率的で，経営を監視することができ，問題企業にTOBが行われて経営者交代など問題点を解決する能力があるかといえば後述するようにそうとは言い難い。またTOBなど会社支配権売買についても80年代の隆盛から90年代に入って，コストパフォーマンスの点からも魅力がなくなっており，またアメリカでは州単位の会社法その他の裁判準則ゆえ，工場閉鎖など地域の雇用情勢に悪影響を与えるTOBに対してこれを実質的に禁ずるものが出現し，TOBが急速に

はじめに

トーンダウンしてきたという推移がある。

　むしろ商法や証券取引法，さらにはアメリカにおける企業改革法やNYCEの上場規則，さらにはSECの規制など，アメリカの市場重視の伝統とはやや外れた強行法的な外部ガバナンスの法整備が効果を挙げてきていることは否めない。本論文ではこの点に着目し，会社機関の充実と整備がもちろん前提とはなるが，市場メカニズム以上に外部ガバナンスに依拠したコーポレートガバナンスの確立を主張している。そもそもコーポレートガバナンスの議論をする場合，会社法と関連法規がコーポレートガバナンスの中心に存在することを否定する論者は少ないであろう。しかしコーポレートガバナンスの実効性を挙げるために会社法と関係法規を改善する，という議論は希薄であり，それ以外の，たとえばマーケットによるモニタリングなど現実的には効果が実証されていない理想主義的な工夫にコーポレートガバナンスの未来を委ねているように感じられる[18]。コーポレートガバナンスの現状を考えると，エンロン・ワールドコム事件に象徴的なように，むしろマーケットによるモニタリングや会社機関による自治が難しいということが明らかになったと考えられよう。それゆえ議論はコーポレートガバナンスの本来的中核的内容たる会社法と関連諸法規の整備を主要な問題にする，すなわち立法論に帰結するべきであろう。

　第3章で取り上げるアメリカでの企業改革法の生成過程は，コーポレートガバナンス確立の中心に法改正を据えた力強い歩みである。企業改革法の影響を受けた法整備や諸制度・組織の改革は，法制定から2年を経た本論文執筆時点でも続いている。日本においても本論文第4章で提起するような大胆な制度改正が，解釈論以上に焦眉の急であろう。

---

(18) 新山雄三『論争コーポレートガバナンス』商事法務（2001）7ページ参照。

第1章　日本型メインバンクの機能の検討

1　問題の所在

　コーポレートガバナンスの国際比較においてアメリカ型，ドイツ型，及び日本型に分類して議論することが広く行われている。この場合アメリカ型では株主主権が強く打ち出されるが，ドイツ型では監査役会，すなわちそれに代表を送り込む従業員の権限が強調され，株主の発言権はアメリカ型に比べて弱いとされている。そして日本型は，「資本供給以外の役割を株主は持たず，経営者が自己の好みに合わせて会社を運営しており，株主と従業員の利益を同等に扱っている。」[19]といわれている。同時に日本型コーポレートガバナンスにおいて特徴的といわれることにメインバンクのモニタリング機能[20]

---

(19)　Monks and Minow, ビジネスブレイン・太田昭和訳『コーポレートガバナンス』生産性出版（1999）309ページ以下。

(20)　「モニター(monitor)」には監視する，規制する，調査する，などの意味があるが，コーポレートガバナンスの議論では，モニタリングとは公表資料を認識する以上のものとして考えるべきであろう。また後述するが，債権者のモニタリングについては時系列的に貸付前，中間，事後の3つの局面を想定している。

　モニタリングの主体としては，外見上似たような存在として機関投資家がある。しかしそれらのファンドはリスク軽減のため株価指数に多くの資産を投入し，全体として上場企業の多数の株式（アメリカにおいては2000年末で49％）を有しているので，メインバンクのように個々の会社の日常的なマネージメントをモニタリングするインセンティブを持たない。

　ただし所有株式全体に対する議決権の行使，株主提案の提出などについてガイドラインを作るなど，ファンドを構成する株式全体についての調査や経営者に対する是正要求は，一部の公的機関投資家の間で進んでいる。カリフォルニア州公務員年金基金や大学教員退職株式基金はその実例である。

　関孝哉「英国マイナーズ報告書と機関投資家のガバナンス責任」商事法務2001年5月15日号4ページ参照。私見からは機関投資家のモニタリングにおける役割をやや

がある。このモニタリング機能の実態，機能，問題点，評価について検討したい。

　株式会社法の中で，メインバンク制度は強行規定として組み込まれているわけではもちろんなく，メインバンクがないと考えられる企業も多数存在している。またその関係性の濃淡についても，系列の有無，借入金の多寡など個別企業の事情において大きく異なる。

　にもかかわらず私見では，メインバンク制度とそのモニタリング機能は大きく役割を果たしており，株式の相互持合が崩れ，直接金融の役割が大きくなりつつある昨今においても積極的に評価すべきであると考える。また株主のモニタリング機能との関係においても，役割分担が可能かつ現実的に行われており，両者が相俟ってより大きくモニタリング効果を醸成すると思われる。

　検討にあたってはその対象を日本の大規模公開会社に限定し，モニタリング機能を多様な論点から国際的に比較することは行わない。コーポレートガバナンスの普遍的なモデルが一元的に存在するのか，それとも新古典派経済学に対抗して最近台頭目覚しい「比較制度分析」の視点から「多様性の経済利益」(the gains from diversity)[21]を評価するのかということを考察することは，日本型コーポレートガバナンスを考えるには今後不可欠であると思われるが，本章はメインバンクの役割に絞って論及するので国際比較については他日を期すこととする。

2　メインバンクとは

　一般的に，取引銀行中当該企業と一番大きな取引関係を有する銀行を「メインバンク」というが，その関係は，明示的な契約書を取り交わして成立するものではなく，暗黙的な契約の上に成立している場合が多い。また「並行メイン」と称し，メインバンクの位置に2行が並立する場合，「サブメイン」と称してメインバンクの権能を分け合う場合もある。

　　過大評価した議論であるように思える。
(21)　青木昌彦『経済システムの進化と多元性―比較制度分析序説』東洋経済新報社（1997）2ページ。

メインバンクといわれる銀行と企業の関係について，共通点を抽出して要件とすると以下の3点が適当であろう。
1．当該企業の銀行株主の中で持株比率が最大の銀行[22]
2．当該企業への貸付が最大の銀行
3．当該企業の主要な決済口座が設置されている銀行

さらに要件とまではいえないが，頻繁に観察できる関係として，
1．銀行出身の役員の派遣[23]
2．銀行系列生命保険会社，損害保険会社の株主としての出資
3．株券名義書換代理人の受託[24]

が指摘できよう。また日常的に，取引先・人材紹介，情報提供，為替業務など広範な関係がメインバンクと当該企業間に観察できる。

これらの現象の内，メインバンクと当該企業の関係性として一番重視しなければならないものは，メインバンクの債権者としての地位であろう。株主としての地位は，メインバンクがどこであるかを確定するときの要件として重要ではあるが，むしろ象徴的かつ従属的なものであり，銀行側にすればメインバンクの立場を得るための安定株主協力としての株式取得に過ぎない。通常公開会社は公開準備時に第三者割当を行い，上場規則に従い株主数を増やし「公開」の基盤を形成する。しかし割り当てた株式の多数が公開時にキャピタルゲインを求めて市場で売却されると，株価は大きく下落する。それゆえ公開企業は取引金融機関を中心に安定株主工作を行い，「売却しない株主」

---

(22) 1977年の独占禁止法第3次改正により，第11条で最大出資比率は5%に定められている。但し関連会社等を合わせると，それを上回る場合もあり，実質的に骨抜きといえよう。しかしここで出資比率を先にあげたのは，無借金企業も存在することから，出資比率が貸出残高よりも象徴的な意味合いが強く，普遍的な共通項と考えられるからである。

(23) 銀行側の債権保全のためのいわば「お目付け役」としての派遣，企業側の銀行との関係強化をもくろんでの受け入れ，優秀な人材供給源としての銀行の利用などその性格は多岐にわたる。上場企業への役員派遣は1983年度で第一勧業銀行から177名，日本興業銀行から163名，三菱銀行から151名，富士銀行から146名，住友銀行から130名，三和銀行から109名である。『企業系列総覧』東洋経済新報社（1985）。

(24) 信託銀行または信託併営銀行でない場合は，系列信託銀行，証券代行会社に代行させることが多い。

第1章　日本型メインバンクの機能の検討

をあらかじめ設定する。原理的に考えてもリスク選好の投資家が株式を所有し，リスク回避志向の投資家が社債，債権を所有するのであって，メインバンクは当然後者であり，株主としての性格を第一に考えることは出来ない。

それゆえメインバンクの所有株式が当該企業の意向に反して売られるケースは，その関係が破綻したとき以外あり得ず，メインバンクは当該企業の財務内容を口座の資金移動状況も含めて知りうる立場にいるので，売却時期によってはインサイダー取引に該当する。すなわちメインバンクにとってメイン取引先からの貸出の回収は可能であっても株式の臨機応変の売却は難しい(25)。さらにメインバンクは当該企業の株式を所有すると同時に，自行株を当該企業に所有させ，持合による相互信認により結果的に株主の地位を放棄している場合が多い。それゆえメインバンクを債権者，株主の両面から位置付け，それらの利害の調整役とし，エージェンシーコストの削減に貢献しているとする論(26)は困難であろう。メインバンクにおける株主としての地位は第二義的であり，債権者としての性格を第一に考えなければならない。

メインバンクは当該企業に対して，貸出額，貸出比率ともに他取引銀行に比して一番大きく，不動産担保貸出の場合も抵当権順位が第一位であることが通例である。サブメイン以下の各行は融資実行時にも，メインバンクの意向を尊重して協調融資する場合が多い。これは他の企業に対しても銀行は協調融資するので，それぞれメインバンクが幹事行になって審査業務を行い，それを他行が尊重してモニタリングコストの重複を回避する経済合理的な行動である。取引先企業が債権者のケースもあるが，その場合も劣後債権者で

---

(25)　このことがいわゆるバブル経済後の，銀行の不良債権の一因となっている。

(26)　植竹晃久・仲田正機編著『現代企業の所有・支配・管理　コーポレート・ガバナンスと企業管理システム』ミネルヴァ書房（1999）63ページ。

　　　Milhaupt, "A Relational Theory of Japanese CorporateGovernance: Contract,Culture, and the Rule of Law" 37 Harv. Int'l L. J. 3 1996. でも，メインバンクを株主と債権者の利害対立を緩和する存在として考えられている。

　　　Milhauptはアメリカ型コーポレートガバナンス以外にも，歴史的経緯や政治経済的制約に応じて複数のガバナンス形態が存在することを示している。これは経済学の価格理論での需要曲線における複数均衡の如く，ガバナンスを動態的にとらえるもので，日本型コーポレートガバナンスの有効性を考える立場からは，「はじめに」で触れた「比較制度分析」論と同様興味深い。

あり，メインバンクが中心である場合が多い。

メインバンクの当該企業からの収入は，貸出金金利ばかりではなく，配当，証券代行手数料，決済・為替などの諸手数料のほか，銀行系列会社の収入としてのリース料，不動産手数料，コンサルティング料，適格年金受託手数料，社債発行手数料があり，また融資が行われる場合の取引先紹介に関わる利益を考慮すると膨大なものになる。これらについて当該企業は，メインバンクの意向をあらかじめ忖度して，できるだけその関連企業，あるいは親密取引先に発注することもある。このようなメインバンクの貸出以外の取引における優越的取引関係も重視しなければならない。

メインバンクの優越的立場の本源的理由は，下に見るように，債権者としていざという場合の当該企業に対する生殺与奪の権限を掌握していることに起因する。無借金企業も，将来経営が悪化して借入を行う場面を想定すれば同様である。それゆえメインバンクが債権者でない場合も，将来における債権者としての地位が，当該企業のメインバンク尊重のインセンティブになる。しかし借入額が売上高，利益，自己資本に比して高率になればなるほど，メインバンクの有形無形のモニタリング圧力は大きくなる。

3　メインバンクのモニタリング

メインバンクは銀行団の債権管理者として，日常的に企業を監視している。しかしそのモニタリング機能は企業が収益をあげているとき，資産劣化が起こっていないときはさほど働かない[27]。コーポレートガバナンス全体におけるメインバンクの果たす役割を考えると，株主利益のために経営効率を上げて利益を極大化するという効率性の観点からは必ずしも機能しない。上述の如くメインバンクの地位は債権者のそれであり，貸出金が戻らない可能性が出現した場合にのみ働くモニタリング機能だからである[28]。その意味では「はじめに」の②で触れた，ボトムキープのモニタリング機能に該当する。

---

(27)　平常時のモニタリングとして，借入・社債発行・新株発行時の審査，決算の事前報告，決済口座の監視によるキャッシュフローのモニタリングなどがある。

(28)　事後的な介入はメインバンクにとってよりコストがかかるので，事前の介入のインセンティブが存在する。

当該企業において赤字決算，あるいは資産劣化の可能性が出現した場合，メインバンクのモニタリング機能はにわかに発動される。メインバンクは当該企業の決済機能を代行しているため，キャッシュフローの動きを監視しており，キャッシュフローの流れが窮屈になったとき，行内的に「注意」の黄信号が点滅するのであろう。そのような場合，銀行は貸借対照表を実質連結ベースの清算価値で再構成・評価し対応を検討する。すなわち貸出金との見合いにおいて，当該企業の持株会社[29]を含む実質関連会社の全資産を時価評価し，掛目を勘案して担保不足にならないかを注意深く判定する。

この点アメリカにおける投資では，事前のモニタリングは投資銀行，商業銀行，ベンチャーキャピタルなど，中間モニタリングはアナリスト，一部の機関投資家など，事後的モニタリングは会計監査人，TOB実施者，再建専門家，破産裁判所などが行う。日本型コーポレートガバナンスでは，これらを一金融機関たるメインバンクが実質的に一手に引き受けてきたといえる[30]。

銀行に限らず債権者が債務者に対する監視を行うことは当然であるが，特にメインバンクの場合，モニタリングが当該会社の経営活動全体に及び，派遣役員や日常的に接触・訪問する行員によって恒常的にモニタリングが行われるという点において一般債権者と異なる。さらに銀行は必要に応じて投資計画，再建計画，試算表，月次決算書などを提出させる。これらの提出を求めることは預金者・株主に対して善管注意義務を有する債権者として当然とも考えられるが，債務者たる当該会社にとってかなりの圧力となる。

さらにはモニタリングの結果，債権回収に多少なりとも不安がある場合には，具体的な是止措置が行われる。第一に担保割れした貸出に対する追加担保の要求である[31]。日本における1990年代のバブルの崩壊という局面において，不動産担保融資の担保割れはほとんどの貸付で発生した。しかし企業の大部分においては余分な担保提供資産があったので大きな問題にはならなかったのであろう。また当該企業が経常赤字でない場合には，貸付金と取引

---

(29) 持株会社は通常当該会社の子会社ではなく，したがって連結対象ではない。
(30) 前掲日経ビジネス2003年12月号26ページ。
(31) 土地担保主義については，プロジェクトファイナンスやベンチャー融資との関係で，安全第一という日本の銀行の姿勢を批判する声も多いが，明確な担保を取らない融資こそ銀行を破綻に陥れる。

の相対的な見合い，あるいは当該企業の社会的信用度に鑑みて追加担保を要求しないことも十分ありうる。

次の是正措置は新規融資の拒否，既存融資の更新拒否である。当該企業が経常赤字となり，前年の手元流動性を本年の当期赤字が上回る場合には，資産売却か新規借入を行わねば資金がショートする。このような場合に行われるいわば「後向き」の融資は，多くの大手銀行が国に出資を仰ぎ同時に再建計画を提出しているという状況では，さまざまな困難が伴う。「貸し渋り」が社会的問題となった時期には，審査部の反対，大蔵検査，内部監査，果ては自己資本比率を理由に銀行が融資を拒むことが頻発した。このような時期には当該企業に対して，最高度の経営改善の圧力がかかる。追加融資にオーナー一族の退陣など，経営改善の条件が付帯することもある。

これまでの事例研究によれば，メインバンクは企業側からみれば「ラストリゾート」として倒産回避の保険機能を果たしている，とされてきた。確かにこれまでの大型倒産の場合，多くがメインバンク不在，もしくは関係が希薄なものであり，その点からはメインバンクシステムは一種の保険提供と見ることも可能であった。現下の状況でも，メインバンクによる債務免除など，借り手のモラルハザード[32]になりかねない程のメインバンクによる手厚い対応がされているケースもある。

このようなメインバンクの企業救済行動は，2の「メインバンクと事業会社の関係」の最後に見たような，金利以外のさまざまな業務からの利得——メインバンク・レント[33]——が存在したことから説明できる。その利得の源泉は，監督官庁による他業種からの銀行業への参入規制と，インフレによって実質預金金利がマイナスになることによる銀行の特別利益とであったと思われる。その時期においては預金と貸出の拡大を進めること，すなわち具体的にはメインバンクの地位を獲得し，当該企業の預金と貸出を独占することが利益率確保に重要であった。

しかし金融秩序が大幅に変化した現在において，メインバンクも利益を追

---

(32) 私見では「外部監視の欠如による規律紊乱」と定義している。
(33) 前掲日経ビジネス2003年12月号23ページ。なおレント（rent）とは「本来その主体に帰属すべきでない報酬」をいう。

求しなければならない私企業であるから，救済した企業に期待できる将来利益が救済費用を上回らなければ清算という経済合理性に合致した行動を取ることは十分に考えられる[34]。むしろ今後はこのような対応が原則的となるであろう。現実的にも，以前であれば経営危機にある取引先にはそれまでより低金利の優遇金利が適用されたが，現在ではリスクヘッジ分を上乗せした割高な貸出金利が適用されるのが通例である[35]。

通常このような銀行の是正措置が発動される段階で，多くの経営不振企業は抜本的なリストラ策を講じ，再建されていく。メインバンクを持つ不振企業の多くが倒産を回避できたのも，銀行が社の内外に「再建請負人」をはじめ，再建にかかわるリソースを多く有し，それらを有効に活用していたということではないだろうか。当該企業でもリストラ[36]が行われなければ融資継続が難しく，経営破綻に至るのであるからそれ以外に道がない。もしリストラが実行されず，あるいは失敗しさらに状況が悪化すると，メインバンクは役員を出向させて債権を直接管理し（経営決定権の移動）資産の劣化を防いだり，経営陣の退任を促したり，さらには清算手続を開始することもある。

このような形で企業に対するメインバンクのモニタリング機能は強く機能し，それは企業再建機能とまでいうことができよう。日本のコーポレートガバナンスにおけるメインバンクの占める役割は大きいといわねばならない。

4 メインバンクの利益相反

会社再建を巡ってメインバンクたる銀行と当該会社の利益が対立する場合，銀行派遣の取締役が銀行の利益を優先し，銀行の債権保全・回収のためにモニタリングを行い，情報優位を銀行に与える，あるいは担保再設定などを当該会社の利益に反して行おうとするという問題がこれまでもいわれてきた。このような利益相反的行為は経営危機のときに生じやすい。しかし銀行側も

---

[34] 青木昌彦『日本経済の制度分析―情報・インセンティブ・交渉ゲーム』筑摩書房（1992）参照。

[35] 三輪芳朗・神田秀樹・柳川範之編『会社法の経済学』東京大学出版会（1998）第8章「日本における企業破綻処理の制度的枠組み」参照。

[36] restructuring,「事業再構築」が本義であるがここでは一般に使われているように，人減らし，労働条件の切下げ，経費カットなどによるランニングコストの縮減をさす。

近年においては「市場における評判」を斟酌し，このような信義則に悖るとも考えられる行為を控えようとするインセンティブが働くから，銀行から派遣された取締役の忠実義務違反とまではいえないケースがほとんどであろう。

但し実際に破綻する場面では，債権者たるメインバンクと株主との間に利益相反が生ずる。この場合メインバンクのとりうる選択は救済か清算のどちらかである。その選択をモデル的に考えたい。

清算価値がメインバンクの優先債権総額よりも大きい場合を例にとろう。当該企業を存続させた場合の価値が清算価値より高いとしても，優先債権者，すなわちメインバンクは当座，負債が繰り延べられるだけで事業継続から何ら利益を得られない。企業破綻は当面回避されたとしても，清算したとすれば完済されるであろう債権が，事業継続によって返済されないので，メインバンクにとってリスクが存続することになる。

一方株主・取引先などの劣後債権者は，清算価値が優先債権総額より小さい場合，事業清算では何も得られないが，事業が継続されれば投下資金が回収される可能性がわずかであっても存続するので，企業の清算より継続を望む。劣後請求権者は企業が存続して，その後破綻したとしても現状以上に損失が増加するわけではないので企業継続のインセンティブが働く。

最近多くなったメインバンクによる債権放棄は，これらの裁定であると考えられる。企業の存続価値が清算価値を上回る場合，メインバンクは劣後請求権者に対して，追加増資や債権の一部放棄を受け入れるか清算かという二者択一の提案を行う。劣後請求権者は継続時と清算時の取り分を比較して前者が大きいので，その範囲内での負担の提案には同意する。

この利益相反はあくまでも破綻時のそれであり，平常時のコーポレートガバナンスの問題ではないとも考えられるが，民事的交渉が裁判結果を想定して進められるのと同様に，会社再建局面でも，裁判時に予想される負担を想定して各当事者が判断するので，影響を破綻時だけに限定できないと考えられるべきであろう。

5　衡平なる劣後（equitable subordination）

アメリカにおいては「衡平なる劣後」という法理がすでに確立し，全ての裁判所で適用されている[37]。それゆえに日本に比べメインバンク的な存在

が稀少で，企業の倒産回避保険的な機能が銀行にないともいわれている。

「衡平なる劣後」の法理とは，衡平性に対する配慮から，裁判官は破産法11条の適用以前に債務者の経営に関与したものの債権を，他の債権に劣後するものとして扱うことができるとするものである。債務者の再建に関する債権者の行為は自己の利益を図るためのものであると認定され，それゆえに再建に関与した銀行の債権は他の債権に劣後するものとして扱われることがある。さらに債権者は債務者の負担の一部を肩代わりさせられることもある[38]。

これは債権者として銀行が債務者たる企業の再建過程を支配した場合，衡平を損なう行為があり他の債権者の利益を損なえば，受託者責任の義務に反したこととなり自己の債権についての優先権を失うと解すべきであろう。

挙例すると，American Lumber Co. 事案においては，被告銀行は経営が悪化した取引先の再建に着手し，追加的資金供給を行った。しかしながら，取引先の経営は一層悪化に向かったため，銀行は債権の回収に転じた。その被告銀行の債権回収行為に対して無担保の債権者が異議を申し立て，その主張が認められた事案である。「債務者の経営を支配する銀行は，その支配権を自己の利益のために行使することができない。したがって被告銀行の債権は他の全ての債権に劣後するものとみなす」という判旨であった。

さらにこの American Lumber Co. 事案についてのミネソタ州地裁判決文（1980年）は，被告（銀行）は「『衡平なる劣後』の法理は金融機関が経営破綻取引に対して金融支援を提供する妨げになる，と主張しつつ担保権の行使と債権回収を図り取引先には存続の余地を残していない。当法廷はこのような被告の主張を支持することができない。」としている。

もちろん裁判所も無条件で債務者の救済に関与した債権者を劣後させてきたのではなく，他の債権者の犠牲において自己の利益を誘導した場合，さら

---

(37) この法理の適用については裁判所によって幅がある。追加的な融資を拒否したのは信義則に反するとして企業救済を拒否した銀行を処罰した判例もみられる。それゆえ銀行は破産法11条の申立てを待って救済することによって免責を得る場合が多い。

(38) Douglas-Hamilton, Margaret Hambrecht "CreditorLiabilities Resulting from Improper Interference with the Management of a Financially Troubled Debtor" Business Lawyer 31: 343 (1975).

に破産法の諸規定と矛盾しない範囲で「衡平な劣後」の法理が適用される。

これに対して日本の裁判所は「衡平なる劣後」に類する法理を適用することはない。もちろん破産関連の事案においては裁判官の裁量の幅が大きく，特定の債務弁済など破産申請以前に終了した取引さえ否認されることもある。さらに衡平概念に近い法理論は存在する。しかしながら，これらは法理として「衡平なる劣後」が存在するアメリカの状況とは異なる[39]。

「衡平なる劣後」の有無を日米のコーポレートガバナンスの相違，あるいはメインバンク機能の差異の理由とするのはいささか無理があろう。「衡平なる劣後」は破産法の問題の一部に過ぎない。しかし経済制度の一環としての法的ルールは，経済行為が代替経済行為とのコスト差異によって決定されると考えれば，「衡平なる劣後」の導入は現実の企業間取引の形態を変える。その視点から考えると日米のメインバンク制度の相違は法制度の相違に大きく起因しているといえ，「衡平なる劣後」もその重要な部分であるので今後も導入についての検討が必要であろう。

6 コーポレートガバナンスの観点からの評価

上で見たようにメインバンクシステムは会社再建時においては，取締役会・監査役の経営管理・会社再建機能に比しても大きな強制力によるガバナンス・是正機能を発揮する。その限りでは株主やステイクホルダーにとって頼もしい外部牽制機能であり，社会的にも有用であろう[40]。またコーポレートガバナンスの中心課題を，株主によるモニタリング（コントロール）の実質的確保とエージェンシー・コスト，モニタリングコストの削減とするならば[41]，メインバンクは日常的にモニタリングを行いかつコストを直接株

---

(39) J. M. Ramseyer『日本のメインバンクシステム―日本のメインバンクシステムの法的論理―』東洋経済新報社（1996）300ページ（第7章黙示的契約の明示的理由）を参考としている。

(40) 但し監視主体が多様である結果，他者の監視が行われることを期待して「ただ乗り」をする主体が現れ（free rider），結局誰も監視しないという理論的可能性が出現する。

(41) 川村正幸「コーポレートガバナンス論と会社法」『田中誠二先生追悼論文集　企業の社会的役割と商事法』経済法令研究会（1995）113ページ参照。

主に求めない，すぐれた工夫とも考えられる(42)。

しかしそれは債権者の立場からのモニタリングであり，効率的な経営や株主利益の極大化を求める株主のモニタリングとは異なる。株主の視点からすれば，株価の下落や収益の減少にもモニタリング機能を働かせなければならないが，そのような機能を債権者としてのメインバンクに求めることは難しい。

また債権者は株主と違い経営決定権の配分にあずからないと考えられがちであるが，経営悪化によって債務不履行に陥った場合を考えると，株主総会の決定権限は大幅に制限され，管財人及び債権者集会を中心とした債務返済のための経営が行われる。したがって債権には条件付きではあるが経営に関与できる権利が付与されていると考えるべきである。

そして株主の経営方針における選好は，破綻時に出資分以上には失わないという立場からある程度冒険的であるのに対して，債権者の選好は，企業存続さえ確保できれば貸付金はいつか返済されるという立場から安全志向である。現実の経営方針の選択においては，どちらに偏しても適切ではないであろうから，その両路線の間で議論がされ，あるいは影響力が行使されて，その上で意思決定が行われるというプロセスが確保できればコーポレートガバナンス上意義があるといえるだろう。

それでは債権者たるメインバンクのモニタリング機能を，企業社会全体の中でどのように位置付け，コーポレートガバナンスの観点から評価すればよいのであろうか。

このことを考えるとき，まずコーポレートガバナンスによって経営者が制約を受ける仕組みを考えてみよう。かつてコーポレートガバナンスは会社法が定める会社機関によってのみ担保されたが，現在ではマーケットによっても担保されている(43)。内部的経営監督機構たる取締役会，監査役会の無機能化が言われて久しく，その改善も必要だが，同時に外部ガバナンスとして

---

(42) しかしそれは本来株主が負担すべきコストを預金者，あるいは国民全体に外部化，社会化するという問題点もあろう。

(43) マーケットによるコーポレートガバナンスの担保については本論文16ページで触れたように大きな限界があることはもちろんである。

機能する商法，上場規則，SECによるモニタリングがさらに重要であり，それらの環境整備が喫緊の課題である。

　なぜならば，株式会社の性格上一番に尊重されるべき理念は私的自治であるからである。コーポレートガバナンスも私的自治的に，すなわち効率性については第一義的には株主総会や取締役会によるガバナンスであり，証券市場における株価によって，あるいは会社支配権市場におけるTOBによる非効率的経営への制裁によって牽制されるべきであり，債務については債権者，すなわちメインバンクのモニタリングによって牽制されるべきである。もちろん現代のように第一義的な私的自治的な会社機関その他の機能に問題があり，証券不祥事などが生起する現状では，それら私的機関を有効たらしめる外部ガバナンスの整備も行われるべきではある。しかし第一義的なコーポレートガバナンス機能の充実を考えれば，メインバンク機能は広い意味でのマーケットの私的自治的モニタリングの一環として積極的に評価できるのではないだろうか。広い意味のマーケットとは株式市場だけをいうのではなく，債券市場や債権市場，さらに会社支配権市場や労働市場など，全ての契約についてのマーケットと考える。これらの広い意味でのマーケットにおいては，会社支配権の売買によるモニタリングだけでなく，たとえば長時間労働を強いる会社には新卒が集まらない，極端な値引き交渉を行う会社からは取引業者，下請企業が離れていく，など長い期間においては決定的に企業の信用を失墜する事象が存在し，モニタリングの一部の役割を果たしているといえよう。

　メインバンク制は日本独特の制度として発展してきた。とりわけ旧財閥グループにおいては株式の持合など，負の側面が強調されるが，上述のように一般的にはコーポレートガバナンスの一翼を担う制度として今後も有用であり，とりわけ会社支配権市場の未発達な日本においてはTOBの代替機能[44]

---

(44) 経営者モニタリング手段としてのTOBについて多く議論されているが，経営者と従業員間の黙示的契約の破棄など，経営の問題点を除去する手段として株主に与えられたインセンティブとして，あるいは零細株主に与えられたウォールストリートルールと同様，大株主に与えられた退出についての株主権としても積極的に評価すべきである。但しモニタリングの視点からは，防御策や告訴合戦など，介入コストが大きいという問題点がある。

と考えられる。

　しかし最後の問題として，このメインバンクというモニターを誰がモニタリングするかという情報経済学的な問題が残り，それは現在問題となっている銀行のモラルハザードにも関わる問題である。かつて日本では「護送船団方式」という保護行政によって金融機関に対するモニタリングを行おうとしたが，それが失敗したことは記憶に新しい。

　確かに金融機関においては，「信用」の意味するところが他の事業に比して重く，信用の連鎖が崩壊し金融秩序が瓦解することを防ぐため行政当局が金融産業を規制するということはどこの国でも行われているが，日本の金融行政当局は私企業たる金融機関のコーポレートガバナンスまで担っていたといえよう[45]。行政当局は金融機関に対して天下りを頂点とした人事介入を行い，商品や景品に至るまで行政指導によって経営介入を行い，銀行の自立性，競争力を奪ってきた。1989年以来日本で起きた銀行，証券など金融機関の破綻は，そのようにして自主的な経営力が奪われていったことが根本原因であると考えられる。

　とすればメインバンク自身のコーポレートガバナンス改善の方法は，銀行業界にも一般企業と同様のコーポレートガバナンスを導入することでしかない。たとえば「金利」という商品[46]は価格に需要と供給に関わる情報が匿名的に集約されることによって，最適な経済的均衡を図ることが重要になる。それゆえ金利など金融商品の価格は公定歩合に連動させたり経済政策的に横並びにするのではなく，自由化され各金融機関が競争状況を考慮して自主的に決定しなければならない。今後は銀行業界についても，①参入と退出の自由（免許制の撤廃と参入障壁の除去），②情報の公平性，③独占なき多数の経済主体の参加，という市場競争原理の導入によって自立的にコーポレートガバナンスが確立すべきであろう。

　日本型コーポレートガバナンスについては，これに好意的なものには，従業員の経営関与が大きい点を強調して会社共同体的な性格を評価するものが

---

(45)　Paul Sheard『メインバンク資本主義の危機』東洋経済新報社（1997）20ページ参照。
(46)　金利は貸出金の「使用料」であるが，ここでは広い意味で商品とする。

多かった。本論文もモニタリング機能におけるメインバンクの役割を評価し，その限りでは日本型コーポレートガバナンスを評価しているが，日本的な会社共同体的体質，インサイダーコントロール(内部者支配)[47]については，むしろ頻発する法違反の温床になっていると考えている。

日本的企業においては，経営者が従業員の利益を指向して経営するというよりは，経営者自身が従業員の性格を強く持ち，他からの干渉を極力排除しようとし，経営的にも株主の望むようなリスクをとらず先例主義に陥り，自らの雇用継続を最優先しようとする。そのため株主を顧みない事実上の内部者支配になる。

それゆえ本節は，メインバンク制などの評価すべき点をもって，日本型コーポレートガバナンスがアメリカ型コーポレートガバナンスに優越していることを主張するものではない。むしろ後述するようにメインバンク制以外については，平成14年度商法改正を支持し，さらに足らざる諸点について日本型コーポレートガバナンスからの脱却と外部性の導入を主張するものである。

---

(47) このような状況を従業員管理モデルとして，外部モニタリングがまったく働いていないとする見方がある。すなわち従業員利得の最大化のみを目的とした企業モデルの想定である。確かに社長は従業員の中から昇進を重ねた取締役から選ばれるし，外部的なコントロールは働いていないかにみえる。

しかし典型的な従業員管理型企業でも，モニタリングが全く働いていないというわけではない。日本的企業のモラルハザードは，経営者とそれ以外の「情報の非対称性」や，個人評価の賃金体系でないことから生じる「ただ乗り」現象など，経営効率化が不徹底であることの合成であり，メインバンク，株主のモニタリング機能は潜在的に機能していると考えるべきである。

第2章　アメリカにおける近時の情勢

第1節　エンロン・ワールドコム事件と企業改革法

1　エンロン・ワールドコム事件の概要

2002年，アメリカ大規模公開企業において粉飾決算や不正な会計処理が相次いで発覚し，それまでの10年間株価上昇を梃子として発展を続けてきたアメリカ経済と，それを支えてきたと考えられていた社外取締役制度などアメリカ型コーポレートガバナンスに対して不信感が高まった。

事の推移を簡単に概観すると，まずエネルギー大手企業エンロン社（資産規模633億ドル）が，特別目的組合（SPE）による資産のオフバランス化，MIPS[48]，エクイティローンなどの金融商品を通じて決算操作を行い，膨大な負債を隠していたことが表面化し，2001年12月に企業倒産に至った[49]。

---

[48]　Monthly Income Referred Shares，月払い配当付優先株，税務当局に対しては「債務」，会社の財務諸表上は「資本」として異なった取り扱いが可能な証券で，エンロン社はこれを使って「債務」であるべきものを「資本金」の一部として1993年11月より計上。黒木亮「墜ちたCEOケネス・レイ」東洋経済増刊『会計不信』2002年9月，33ページ。

[49]　山家公雄「エンロン破綻の真相」同上『会計不信』20ページ。その中心的手法は資産・負債を本体のバランスシートから切り離すというやり方であった。そのために設立した特別目的会社（SPC）にパイプライン，発電所などの資産とそれに該当する負債を移動させ，その会社の株式の51％を投資家に出資させた。それゆえ特別目的会社の会計はオフバランスとなるが，この出資にはエンロン社が保証を行っていた。そして優先株も利用して相対的に低い株式支配率で特別目的会社を支配出来るようにした。したがってエンロン社の信用に疑問が呈され株価が下落すると，一気に保証債務が発生し簿外債務が表面化するに至った。

そして本来企業決算の正しさを担保すべき監査人であるアンダーセン社がこのスキームを提案し，不正な会計処理に手を貸していたことが判明した。アンダーセン社はエンロン社関係の文書を事件発覚後破棄しており，それについて連邦地裁陪審団が司法妨害罪で有罪の評決を行っている。

また 2002 年 6 月には，アメリカ長距離通信で第 2 位の巨大企業，ワールドコム社(50)(資産規模 1038 億ドル) が，38 億ドルの「費用」を設備投資と偽り「無形資産」につけ代える粉飾決算を行っていたことが発覚した。さらに前 CEO の自社株購入の為の個人的な借入金返済を会社が肩代わりしたことも露見した。

同社は 2002 年 7 月 11 日に米連邦破産法 11 条の適用を申請し，アメリカ史上最大の倒産となった。前最高財務責任者 (CFO) は利益の水増しによる虚偽の情報を投資家に与えた証券詐欺の容疑で連邦捜査局に逮捕されている。この不正についても監査法人による決算指導があったとされ，さらには同社を担当した証券アナリストも業績見通しについて故意に甘い評価を行った疑いが持たれている。

このようにコーポレートガバナンスの根幹にかかわるような事件が，90 年代後半に超優良企業といわれた大手企業に相次いで発覚した(51)ことをうけて，7 月 23 日にはニューヨークダウ平均株価が 3 年 9 ヶ月ぶりに 7,800 ドルを下回り，企業全体への不信感が醸成された。

2　政府および議会の対応

エンロン社事件を受けてアメリカ大統領府は 2002 年 3 月 7 日，「会社の責

---

(50) 同社は通信インフラ会社であり全米に光ファイバー網を張り巡らせている。インターネット関連インフラ提供では 50％を超えるシェアを有し，規模の経済性を追求してこれまで 75 社もの通信会社の企業買収を行っていた。

(51) それ以外にも製薬大手企業のイムクローン・システムズ社では前 CEO がインサイダー取引の疑いで逮捕され，CATV 大手企業，アデルフィア・コミュニケーションズ社では会社が創業者一族の企業に債務保証を行ったことが発覚している。大手複写機メーカーゼロックス社でも売上の水増しが発覚し，複合大手企業タイコ・インターナショナル社では前 CEO が絵画購入に伴う消費税を脱税した容疑で起訴されており，自宅購入代金に会社資金を充当した疑いも持たれている。

第2章 アメリカにおける近時の情勢

第1節 エンロン・ワールドコム事件と企業改革法

1 エンロン・ワールドコム事件の概要

2002年,アメリカ大規模公開企業において粉飾決算や不正な会計処理が相次いで発覚し,それまでの10年間株価上昇を梃子として発展を続けてきたアメリカ経済と,それを支えてきたと考えられていた社外取締役制度などアメリカ型コーポレートガバナンスに対して不信感が高まった。

事の推移を簡単に概観すると,まずエネルギー大手企業エンロン社(資産規模633億ドル)が,特別目的組合(SPE)による資産のオフバランス化,MIPS[48],エクイティローンなどの金融商品を通じて決算操作を行い,膨大な負債を隠していたことが表面化し,2001年12月に企業倒産に至った[49]。

---

(48) Monthly Income Referred Shares,月払い配当付優先株,税務当局に対しては「債務」,会社の財務諸表上は「資本」として異なった取り扱いが可能な証券で,エンロン社はこれを使って「債務」であるべきものを「資本金」の一部として1993年11月より計上。黒木亮「墜ちたCEOケネス・レイ」東洋経済増刊『会計不信』2002年9月,33ページ。

(49) 山家公雄「エンロン破綻の真相」同上『会計不信』20ページ。その中心的手法は資産・負債を本体のバランスシートから切り離すというやり方であった。そのために設立した特別目的会社(SPC)にパイプライン,発電所などの資産とそれに該当する負債を移動させ,その会社の株式の51%を投資家に出資させた。それゆえ特別目的会社の会計はオフバランスとなるが,この出資にはエンロン社が保証を行っていた。そして優先株も利用して相対的に低い株式支配率で特別目的会社を支配出来るようにした。したがってエンロン社の信用に疑問が呈され株価が下落すると,一気に保証債務が発生し簿外債務が表面化するに至った。

そして本来企業決算の正しさを担保すべき監査人であるアンダーセン社がこのスキームを提案し，不正な会計処理に手を貸していたことが判明した。アンダーセン社はエンロン社関係の文書を事件発覚後破棄しており，それについて連邦地裁陪審団が司法妨害罪で有罪の評決を行っている。

また2002年6月には，アメリカ長距離通信で第2位の巨大企業，ワールドコム社[50]（資産規模1038億ドル）が，38億ドルの「費用」を設備投資と偽り「無形資産」につけ代える粉飾決算を行っていたことが発覚した。さらに前CEOの自社株購入の為の個人的な借入金返済を会社が肩代わりしたことも露見した。

同社は2002年7月11日に米連邦破産法11条の適用を申請し，アメリカ史上最大の倒産となった。前最高財務責任者(CFO)は利益の水増しによる虚偽の情報を投資家に与えた証券詐欺の容疑で連邦捜査局に逮捕されている。この不正についても監査法人による決算指導があったとされ，さらには同社を担当した証券アナリストも業績見通しについて故意に甘い評価を行った疑いが持たれている。

このようにコーポレートガバナンスの根幹にかかわるような事件が，90年代後半に超優良企業といわれた大手企業に相次いで発覚した[51]ことをうけて，7月23日にはニューヨークダウ平均株価が3年9ヶ月ぶりに7,800ドルを下回り，企業全体への不信感が醸成された。

2　政府および議会の対応

エンロン社事件を受けてアメリカ大統領府は2002年3月7日，「会社の責

---

(50) 同社は通信インフラ会社であり全米に光ファイバー網を張り巡らせている。インターネット関連インフラ提供では50％を超えるシェアを有し，規模の経済性を追求してこれまで75社もの通信会社の企業買収を行っていた。

(51) それ以外にも製薬大手企業のイムクローン・システムズ社では前CEOがインサイダー取引の疑いで逮捕され，CATV大手企業，アデルフィア・コミュニケーションズ社では会社が創業者一族の企業に債務保証を行ったことが発覚している。大手複写機メーカーゼロックス社でも売上の水増しが発覚し，複合大手企業タイコ・インターナショナル社では前CEOが絵画購入に伴う消費税を脱税した容疑で起訴されており，自宅購入代金に会社資金を充当した疑いも持たれている。

任の改善と株主保護のための 10 ポイントプラン」[52]を発表した。これは情報開示の遅れが大きな問題であったとして，大統領の立場からのコーポレートガバナンス，会計，監査の改善のための理念を示したものである。その内容を見ると，とりわけエンロン社事件で問題視された監査人と監査委員会の CEO からの独立性確保について具体的な工夫を含む指摘を行っている。これを受けて 3 月 21 日，証券取引委員会（SEC）会長は上院銀行・住宅・都市問題公聴会で「情報開示迅速化と会計原則の緻密化に関するプラン」[53]を提出した。

6 月 25 日にはワールドコム社の粉飾決算が発覚したが，翌日から司法省と議会は調査を開始した。当時主要国首脳会議（カナナスキスサミット）に出席していたブッシュ大統領は連日ワールドコム問題に言及し，「徹底的に捜査し，責任を追及する」と言明した。7 月 9 日，人統領は不正企業経営者への厳罰方針を含んだ，会社改革を積極的に推進する「包括的会社改革アジェンダ」を発表した[54]。そして従来から上下院で別個に審議されてきた企業不正防止の為の企業改革法案が「サーベンス－オクスリー法案」[55]として 7 月 25 日上下院で可決され，7 月 30 日には大統領が署名し同法が成立した[56]。

サーベンス－オクスリー法は証券取引所法の改正の形式をとっているが，実質的に公開会社についての連邦会社法といえよう。サーベンス－オクスリー法には 3 つのポイントがあると思われる。

第一には罰則の強化である。同法第 8 章「会社・刑事詐欺についての責任」

---

(52) The Duty of Corporate Leaders, Specifics on the President's Ten-Point Plan, March 7, 2002.

(53) Statement by Harvey L. Pitto, Chairman, Securities and Exchange Commission, Hearing on "Accounting and Investor Protection Issues Raised by Enron and Other Public Companies."

(54) このアジェンダは 10 ポイントプランと内容的に重なる部分が多いが，金融犯罪に多く適用されてきた郵便・通信詐欺罪の最高刑期を 5 年から 10 年に引き上げ，「会社詐欺タスクフォース（Corporate Fraud Task Force）」を設置し，重大な金融犯罪に対応するとした。

(55) Sarbanes-Oxley Act of 2002.

(56) 次の HP から入手可能　http://frwebgate.access.gpo.gov/cgi-bin/getdoc.cgi?dbname=107_cong_bills&docid=f:h3763enr.txtpdf.

において，公開会社の株価操縦やインサイダー取引などの証券詐欺に対して，最高刑期を現行法の4倍以上にあたる最長25年の禁固刑に引き上げ，1934年証券取引所法違反についても1106条で，決算書等の虚偽記載について「500万ドル以下の罰金ないし20年以下の禁固刑」と大幅に罰則が強化されている。

第二には監査人への規制である。同法第1章「公開会社会計監視委員会（Public Company Accounting Oversight Board）」において5名のフルタイムの役員を含む，監査人自身をモニタリングする強力で独立した機関の設置を決定している。この監査人監督機関は会計基準設定や会計士についての調査懲罰権限も有し，SECの下部機関として設置される。第2章「監査人の独立性」では監査人が非監査業務，すなわちコンサルティング業務などを行うことへの一部規制と，役員と会計事務所間の独立性保持などを定めている。

第三のポイントは3月段階でもいわれていた情報開示強化で，第4章「財務開示の強化」でオフバランス取引，SPE（特別目的団体），プロフォーマ財務情報の開示[57]が定められ，第3章「会社責任」では売上12億ドル以上の会社947社のCEO, CFOもしくはそれに準ずる者に対して，重要情報が確実に把握できるような内部統制システムの創設とその仕組みが確実に機能していることを保証し，業績開示の正確性について宣誓の上署名することが求められている。SECはこれらの履行を監視する為に3年に1回は報告書の審査をすることを義務付けられている。また企業不正についての内部告発をした者への保護についても言及している。SECの予算増額も併せて決定されている[58]。

この間の大統領府，上下院の対応は大変すばやく，11月の中間選挙をにらんだ動きともいわれているが，共和，民主両党の伝統的な基本政策の違いも見ておかなければならない。従来共和党は自由主義的な発想が強く，サーベンス—オクスリー法の一方の原型であるオクスリー法案は，下院金融サービス委員会委員長マイケル・オクスリー共和党議員の発案であることもあり，

---

(57) SECが180日以内に細則を発表することになっている。
(58) 山口猛「2002年サーベンス・オクスリー法」取締役の法務101号，60ページを参考にしている。

企業に対する過度の制約を避けるという配慮を前提として立案されている。

　法案のもう一方の原型であるサーベンス法案は，オクスリー法案を不十分とする上院銀行住宅都市委員会委員長のポール・サーベンス民主党議員によって起草されている。こちらは民主党の伝統的な政策である政府による積極的関与の色彩が濃く，厳罰主義も盛り込まれている。エンロン事件発覚の段階では大規模公開会社の企業会計不正を個別特殊な事例として考えることも可能で，それゆえサーベンス法案の厳しい内容について抵抗も大きく議会可決に至らなかったが，ワールドコム事件に至り民主党など積極規制派が勢いを得，最終の法案ではサーベンス法案がほぼ踏襲されており，全11章中5章がサーベンス法案と同一であり，他の章についてもサーベンス法案にいくつかの条項を付加した形になっている[59]。

　州際通商問題も含め連邦会社法の必要性は常に議論されてきた。1933年証券法，1934年証券取引所法など証券取引に限定した連邦会社法は存在する[60]が，会社法自身は州ごとに制定されている[61]。もっともたいていの会計犯罪取引は連邦管轄事項である郵便や通信を利用するので，連邦法たる「郵便・通信詐欺法」によって裁くことが可能である。

3　その他の機関の対応

　証券取引委員会（SEC）は6月26日，「監査プロセスの監視強化を通じて財務情報の質的強化を高めるフレームワーク（Framework for Enhancing the Quality of Financial Information Through Improvement of Oversight of the Auditing Process）」[62]を公表し，監査人についての現行の監視システムは有効に機能していないとし，独立した民間部門による新たな規制システム，公共責任委員会の提案を行った。これはサーベンス―オクスリー法案の成立によりそち

---

(59)　アメリカ議会におけるサーベンス―オクスリー法形成過程については，河村賢治「アメリカにおける企業統治改革の最新動向」旬刊商事法務1636号（2002）50ページ以下を参照。

(60)　公開会社でなくても一定の外形基準で連邦法上の情報開示会社になる規定はある。

(61)　それゆえ不均等な州会社法の上に連邦証券法の開示，監査が求められるということになり大きな問題がある。これを一定補足しているのがNYSEの上場規則である。

(62)　次のHPから入手可能　http://www.sec.gov/rules/proposed/33-8109.htm.

らに吸収された。

また6月27日には大会社の最高経営責任者,最高財務責任者に対して,前年度の会社情報開示について正確性・公正性・完全性を個人として再保証することを要請した。もちろん各企業経営者は決算諸書類についてすでに保証しているので重複になるが,ほとんどの企業が再保証を行った[63]。

ニューヨーク証券取引所（NYSE）では6月6日,上場基準改正案を公表した[64]。これは証券取引委員会から2月13日にコーポレートガバナンスに関する上場基準の見直し要請を受け,これに応えたもので主要には取締役会の改革に焦点を当てている。

第1項では2年間の猶予つきで,上場企業が過半数の独立取締役を任命することを求めている。現在の上場基準には取締役内の独立取締役の割合についての定めはなく,これだけでも現行のコーポレートガバナンスに重大な影響を与える。第2項では会社関係者の独立取締役就任には5年間の冷却期間[65]を要することを定めている。第3項では独立取締役は経営陣を交えずに定期的に会合を行わねばならないことが定められている。第4,5項では指名委員会と報酬委員会は独立取締役のみで構成しなければならないとしている。第6項では監査委員会について,委員が取締役報酬以外の投資銀行業務,コンサルティングなどの報酬を受け取ることを禁じ[66],これまでは委員の一人にのみ要求されていた会計専門知識を委員長に要求している。第7項では監査委員会の業務について詳細に言及している。第8項ではストックオプションなど株式報酬プランについて,その全てを株主承認の対象としている。第9,10項では会社のコーポレートガバナンスガイドライン,取締役会内各委員会規則,取締役,従業員の倫理規定の開示を義務付けている。第11項では外国上場会社が内国上場会社と違うコーポレートガバナンス規

---

(63) さらに前述のサーベンス－オクスリー法がSECに年次報告所・半期報告書を提出する全企業に認証の対象を広げた。

(64) 次のHPから入手可能　http://www.nyse.com/pdfs/corp_govreport.pdf.

(65) 原文ではcooling-off, 元従業員, 監査人関係者, 取締役関係者, そしてそれらの家族でない期間を指している。

(66) ただし税務相談など限られた分野に関しては, 取締役会監査委員会が承認すれば可能であり, 全ての付帯業務が禁止されているわけではない。

定を持つ場合開示することを求めている。第12項では本年証券取引委員会が行った財務情報に対する個人保証を毎年行うこと，第13項では上場基準違反者に対して公開戒告書を出すことが定められている。

第2節　問題の所在

1　背景としての90年代

　これらの事件の背景には，株高経営＝株主至上主義という「魔法の杖」に支えられた1990年代を通じてのアメリカ経済の発展がある。この過程で株主，機関投資家[67]は3ヶ月ごとに業績を上げることをCEOに強要した。CEOとして能力を評価される2年ほどのタイムリミットの間に，株価を上げられなければ自分が解任されるという重圧の中で，CEOがどのように経営を行ったかを注意深く検証しなければならない。90年代におけるアメリカ企業の典型的な革新手法を以下に挙げ考察してみよう。

　業績を向上させる目的で外部から招聘されたCEOは，着任するとすぐに徹底した権限をCEOに集中させる経営組織を構築し，まず過去の未実現損失に加えその後のリストラなどで将来実現するかもしれない含み損も前倒しで償却する。当然大幅赤字となり株価は下落するがその時点で自らのストックオプションを設定する。その後赤字部門などの資産売却を行い，赤字を消し縮小均衡させることによって利益を増大させる。その結果資産は減少するが手元キャッシュフローは増大し，ROA（Return on Asset）は改善される。そして従業員のレイオフを含むリストラを実施することによってさらに利益を拡大する。上昇した株価を梃子に株式交換で他企業をノーキャッシュで買収すれば，企業価値は増大し優良成長企業としての市場からの認知も可能である。また自社株買戻しを積極的に行うことによって，一株あたり利益を増大させ株式の需給をタイトにすることにより株価吊上げを行う。90年代の株価上昇シナリオはおおむねこのようなものであった。CEOの報酬の大部分

---

(67) 機関投資家の資金は実際には年金基金や投資信託のファンドマネージャーによって運用され，ファンドマネージャー自身が経営者と同様四半期の運用成績によって評価される。

はストックオプションである場合が多く，これらの株価上昇策を実施することにより自らも青天井の報酬を享受できる。

しかしこれらの「経営改善策」を行って一時期利益率が向上したとして，継続的に利益を向上させる次の手は何であったのか。資産売却を含むリストラはモラルダウンをもたらし，企業買収は利益率低下をもたらす場合が多い。利益率が継続的に向上せず，逆に低下し CEO の解任，ストックオプションの紙切れ化が現実の可能性を有するようになった段階で，コンサルティング業務を兼ねる監査人から机上で利益を創出する「創造的会計」を持ちかけられて，それに抗し得ない CEO が出てきても不思議はない。

問題は CEO の見識である，という一般論，抽象的人間論に帰結させることはたやすい。しかしコーポレートガバナンスという制度設計を行う場合，このような CEO にとっての不正の誘因を一つ一つ潰しておくことが設計者の任務である。その意味でまず上記のアメリカにおける改善案で問題にすべきは，ストックオプションなど個別の制度の問題点であろう。

2　ストックオプション

不正の誘因を考える場合，ストックオプションの存在は大きい。ハーバードビジネススクールのリン・ベイン教授は今回の事件に際し，「株価が企業や経営者を評価する唯一の尺度になっている。その結果，経営者は目先の業績に追われ不正の誘惑に負ける。」「市場からの強い圧力にさらされ，一方で高額の報酬を与えられれば，本来善良な人でも不正を犯す可能性は高い。」[68]と述べている。

ストックオプションは本来株主が経営者に対して，株主と利害を一にするために与えるインセンティブとして工夫されたものである。しかし経営者からするとストックオプション制度は自己の利益にもつながり，会計上経費として認識する必要がなく利益を下げることもないので，多くの会社で株主の意向を超えて採用された。経営者は株価上昇によって自分の報酬を無制限に上昇させられる可能性を手に入れたが，「経営者支配」[69]，「株主総会の空洞

---

(68)　日本経済新聞 2002 年 8 月 17 日 14 版 6 面「企業統治を聞く」。
(69)　経営者支配については第 3 章 1 で詳述する。

化」の現状では，企業の本来的所有者である株主がこのような経営者の専横にストップをかけることは不可能であった。結果として邦貨換算数百億円の年間報酬を受け取る経営者も出現した。ストックオプションによる報酬も企業の時価総額の一部であると考えれば，株価上昇の全てが帰属するべき株主権が大きく縮減したといえよう[70]。

　株価上昇，時価総額の上昇は現代における株主の最大の出資誘因である。これを経営者が「経営者支配」「株主総会の形骸化」状況をいいことにその一部をストックオプションで簒奪するとなれば，法的規制を考えなければならない。零細株主権はマーケットメカニズムによって保護することが難しい権利であり，それゆえ企業の自主性尊重と規制緩和という会社法改革の基本的方向性に抗しても法的対応が必要であろう。

　ストックオプションを経営者コストとして正しく認識することを目的として費用化する提案もなされているが，株式値上がり益の一部であるストックオプションを費用化する会計上の仕分けは困難である。それゆえストックオプションの費用化を考えるとしても「仮にコストとして考えるとこうなる」という試算として提示されるに留まる。

　経営者報酬は経営者の仕事，すなわちオペレーションの改善など本質的な企業内容改善の努力に対してコストとして支払われるものであり，株式市場全体の動向や外部経済効果など，いわゆるマクロ・ノイズに影響される株価に比例して払われるべきものではない。ストックオプションの行使価格は経済学的には相対価格と呼ばれるもので評価されることが望ましいが，現実の行使価格はあらかじめ経営者が恣意的に決められるため，株主から見たストックオプションによる経営者の適正な評価は難しい。広く知られているようにシュムペーターは資本家，企業家，経営者を分別し，その報酬をそれぞれ利子，株価，賃金としている。現代の企業経営を取り巻くその三者の報酬

---

(70) コーポレートガバナンスの観点からいえば，ストックオプションによって経営者が高額報酬を得ることこそエージェンシーコストの最たるものである。アメリカ商務省の推計によれば，2000年における全国約500万社を対象にした利益推計値において，ストックオプションの行使分を費用計上すると利益が前年に比して約2割減少しており，これを費用化しない民間調査会社の集計値が2割超の増益になっていたのと大きく異なっている。

の基本としてもシュムペーターの考え方は適切であって，株価の上下の利益とリスクは株主に存するべきであり，経営者は株主との一体感を持つためにのみストックオプションではなく現物株式を有するべきである。

それゆえ私は公開企業におけるストックオプション制度は廃止すべきであると考える。日本と違いアメリカにおいてストックオプション制度がすでにかなり浸透して折り現実的な制度廃止はかなり難しいことも理解できるが，ストックオプションの問題点についてアメリカの企業改革法が言及していないことは，現実の問題解決を図るにははなはだ不十分に思える。そして経営者に対する株価連動的報酬制度については，ストックオプションに代わるものとしてエクイティーコンペンセーション（株式所有プラン）を提起したい。従来からの役員持株会・社員持株会と基本構造は同一であるが，さらに賞与の株式支給，持株の為の大幅な優遇ローンの拡充などによって株主と経営陣の利害同一化を図ることが，コーポレートガバナンスにおける効率性向上に大きな効果があると考える。

日本においては従来から配当と連動する役員賞与が存在した。これは市場競争のなかで生まれた制度で，役員賞与の損金参入が認められていないにもかかわらず一定定着しており，株主が経営者に配当を支払わせるための契約と理解できる[71]。役員賞与は経営者の内部留保衝動を抑制する効果があり一定評価できるが，配当だけを株主に対する忠誠度の指針と考えるわけにはいかず，株主価値向上の目標管理，部門別開示などの根本策を制度設計からはずすことはできない。

なお未公開企業におけるストックオプションは株式公開へのインセンティブ，人材確保のための大企業への対抗策として必要であり，市場における株価操縦等の大きな弊害はないと考えられるゆえ禁止する必要はないであろう。

---

(71) 「株主，取締役及び監査役の誘因（インセンティブ）」胥鵬・三輪芳郎・神田秀樹・柳川範之編『会社法の経済学』東京大学出版会（1998）72ページ参照。「配当が5円未満の時は，役員賞与は全額カットされ，付与されたときはその金額が役員現金報酬の30％を占める。」とあるが，日本における一般例であると思われる。

3 監査人

　公開企業において当該会社の決算の正確性，公正性を公的な権威を以って裏書保証する監査人の役割は大きい。投資家は監査人の認証した決算書が正確であることを前提に投資を行うのであって，そのような公的に保障された決算書に不正があれば株式投資システムの前提が崩壊するからである。大恐慌の教訓は証券真実（truth in securities），すなわち証券の真実の価値・品質が示されて初めて証券市場が成立するということであった。しかしこの証券真実が 21 世紀の今，再び疑問符を付されている。

　今回の事件が起こる以前から問題となっていたのは監査人が監査業務とコンサルティング業務の両方を行うことの是非であった。アンダーセンがエンロンから得ていた売上は年間 1 億ドルで，約 100 名のコンサルティング部門のアンダーセン社員がエンロンに常駐していたといわれているが，そこには明らかに利益相反がある。監査業務では投資家保護の観点から保守的に利益を考えなければならないのに対して，経営者の立場に立つコンサルティング業務においては少しでも多くの利益を捻出することが求められるからである。

　エンロン事件以前にも監査人のコンサルティング業務兼営は問題となっていた。SEC は監査人の監査会社に対するコンサルティング業務の全面禁止を盛り込んだ規則案を 2000 年 6 月に公表したが，結果的にはかなりの部分においてコンサルティング業務を容認する骨抜きの新規則が同年 11 月に制定された。その間アンダーセンを筆頭とするビッグ 5 等の会計事務所側は，コンサルティング業務という千載一遇のビジネスチャンスを失わないよう 2000 万ドル以上の資金を投じて議会に対するロビー活動を行い，会計士が多く居住するコネチカット州選出議員を中心として，SEC に対して予算の削減や不執行を示唆する圧力をかけた[72]。このロビイング推進の中心にいたのが SEC 委員長をその後務めたハーベイ・ピット弁護士である。

　ハーベイ・ピット SEC 委員長にもっとも期待された役割は企業会計の透明性確保を通じての投資家保護であろう。しかしそれは会計業界の利害とは対立する。会計業界のロビイストを演じてきた同委員長は，過去にストック

---

(72) 八田進二「アンダーセン失墜　名門会計事務所がたどった危うい道」注(48)『会計不信』28 ページ。

オプションの費用化に対して否定的な見解を提出している。ハーベイ・ピット SEC 委員長が提案した監査人監視機関の創出も，それによってコンサルティング業務兼営容認という会計業界の権益を守るためのバーター取引材料と見ることも可能である。

　私は利益相反が明らかである監査人の監査業務とコンサルティング業務の兼営は禁止すべきであると考える。会計士，監査法人のコンサルティング業務自身を禁止するのではもちろんなく，監査人が監査している会社におけるコンサルティング業務を禁止するのである。さらに会計疑惑を防止する大きな役割を担う SEC の機能と組織を強化し，政治介入を防ぐために連邦最高裁判所と同様裁判官にあたる役職者を終身制，もしくは任期7年，3期以上は勤められないというフランス大統領と同一の制度にすべきであろう。同時に SEC に，予算削減や不執行という議会の圧力に抗することのできる独自の予算制度と，これまで以上の強力な証券犯罪調査機能を持たせるべきであろう。

4　アナリスト

　この 10 年のアメリカにおける株価高騰にはアナリストが果たした役割も大きい。その前提には，アメリカでは日本のごとく企業が自社の業績予測を発表しない，あるいは幅のある予測を行う場合が多いこともあり，アナリストが業績予測を行い，その業績予測をバラ色に描くことにより当該企業に投資を呼び込む役割を結果として担っていたということがある[73]。公開企業が業績予測をしない理由は，自ら予測を行った場合，それが外れると訴訟の対象になるということも理由の一つだが，アナリストの役割は日本に比して大きいといえる。機関投資家のファンドマネージャーがアナリストの分析能力や投資判断を評価するアナリストランキングも存在し，アナリスト業界における公正性・効率性も私的に問われている。

　しかしアナリストは情報収集のため企業トップとの関係を重視し，有名アナリストほどトップインタビューによって情報を得ることができる。その場

---

(73)　大崎貞和(野村総合研究所資本市場研究室長)「苦境にたたされた米国アナリスト」注(48)『会計不信』41 ページ。

合密室で情報提供が行われるために，経営者が情報提供と引き換えにマイナス情報について握りつぶすよう誘導することも行われた。無論アナリストは個人的な実績や取材能力で中立的な情報を得，それを投資家に流すことによって資源の効率的配分と投資環境の向上に貢献するという本来的な任務を果たしている面が大きいのだが，この間必ずしもそのようなことばかりではなかった。

アメリカのナスダック市場が IT バブルを謳歌していたとき，情報通信関連のアナリストはスター扱いであった。当該分野が新技術に関することゆえ一般には分かりにくいこともあり，アナリストはおおむね会社から提供された情報を客観的事実として発表し株価高騰に手を貸した。

しかし IT バブルの崩壊後の現在ではそのようなアナリストに対して，多くの投資家から訴訟が提起されている。2002 年 5 月にはニューヨーク州司法当局と最大手証券会社メリルリンチ社との間で 1 億ドルの制裁金の支払いと，アナリストの人事評価・報酬体系の見直しを条件とする和解が行われた。州司法当局はアナリストが投資銀行業務によってその判断をゆがませたと主張し，州法の禁じる詐欺的行為に該当するとした。この場合アナリストは投資銀行業務における起債などにおいて，高値発行が可能になるようなちょうちん記事を書いたとされる。また 7 月にはエンロン社をめぐる上院公聴会において，エンロン社に対する否定的な投資判断を行ったメリルリンチ社のアナリストが退職を強要された問題が取り上げられた。この場合は逆に株価の高値誘導に協力的な証券会社をエンロンが優遇するので，証券会社が自社のアナリストにエンロンに好意的な記事を書くことを要求したのである。

このような問題の背景には投資銀行業務との関わりがある。アメリカ証券市場において機関投資家が支払う株式売買委託手数料は，1975 年からの手数料自由化と 80 年代の取引電子化により急速に低下した。そこで証券会社は手数料率が高い投資銀行業務を新たな収益源と考え，株式・債券の発行や企業買収・提携業務に注力した。この場合新規発行された株式・債券，あるいは企業買収・業務提携がアナリストに不評では発行会社の意に沿わない。それゆえ投資銀行業務を引き受けている証券会社のアナリストの評価が発行会社と新発株式・証券に甘くなるのである。ここでも監査人の場合と同様，投資家サイドにたった客観的な投資判断を提供することとの利益相反がある。

今後についてはアナリストと投資銀行業務との間のチャイニーズウォールの設定，募集期間中のアナリストによる当該企業への言及の禁止を徹底すべきであるし，アナリスト個人，証券会社別の「売り」「買い」の格付けの分布状況，過去の格付けとその株価のその後の推移状況，そしてアナリスト本人と所属証券会社の当該企業株式の持株状況の開示を行うことが必要であり，そのための制度的整備が待たれる。

第3節　考　察

1　連邦規制についての考察

アメリカは連邦制国家ゆえ，各州では州政府が一般的統治権を有しており，連邦政府は憲法で授権された権限を有しているに過ぎない。それゆえ会社法についても各州で異なった会社法が存在し，企業誘致のために規制を緩やかにする競争を行っていると言われている。アメリカ会社法は企業に対して諸種の自由を与えているとの見地から授権法（enabling act）と呼ばれ，投資家保護や粉飾決算予防より経営者の権利の明文化に重点が置かれている。

田中誠二教授はデラウェア州の例を引いて「デラウェア州会社法が規制の穏やかなのを特徴としている原因は，デラウェア法に準拠する会社数を多くし，これによってデラウェア州の収入を最大化するためであることは，広く認められているが，これは，会社法制定の目標を誤ったもので，邪道に陥ったものといわざるをえない。」[74]と評されている。

アメリカにおける会社法の州間競争についてはこれを弁護する議論も，とりわけシカゴ学派において有力である。「会社法の州間競争を通してのみ，いかなる法規制が資本市場に対しもっとも適当かをわれわれは知り得る」とその意義を認める立場のウィンター，デラウェア会社法を「どん底への競争」ではなく，「頂上への登坂」であるとし，「会社設立がデラウェア州に集中すること自体，デラウェア会社法が株主の利益増進に役立つことを示している」とするフィッシェルらが代表的論者である。

---

(74)　田中誠二『会社法学の第二の新傾向とその批判―会社法学についてのシカゴ学派とその批判―』千倉書房（1990）50 ページ。

しかし現代においてはミクロ経済学的なコストの問題だけで会社法を考えることはできない。経済が世界的に相互依存している状況では、会社法の規制が不十分であるがゆえに生じた会計疑惑が、株式暴落を市場の連鎖を通じて全世界に波及させる可能性もあり、その政治経済学的なリスクもコスト化しなければならない。州間競争による規制の甘さも今回の事態の一因である可能性は否定出来ない以上、これまでの各州ごとの会社法のあり方について深刻な反省が必要であると考えられる。アメリカにおいては従来よりマーケットに対する信頼が厚く、会社法の州間競争もその一環として信頼があったと思われるが、今回の事態においては企業改革法という連邦規制にさしたる反対もなかったことと考え合わせ、会社法上の大きな転機になると思われる。州間競争の存在しない日本法においては故意に商業帳簿を作成せず破産する詐欺破産には懲役10年、過失の場合でも懲役5年の最高刑が科せられ（破産法374条3号、375条4号）、従来からアメリカに比して厳しい罰則があったことを考えると、企業改革法的な重罰規定は従来から必要であったのであり、それを州間競争が阻害したと思われる。

フランス革命以来の市民法発展の基本原則は「個人の自由の確立と責任負荷の範囲の極小化が二つの柱」[75]であった。資本主義的発展を助長し、契約自由の原則を貫き自由競争を擁護することが市民法としての会社法の主要な役割であった。しかし資本主義社会の進展に伴い、マルクスやケインズの指摘するような資本主義の問題点が次第に明らかとなり、それに対応する形で契約自由の原則を一定制約する労働法などの社会法が制定されてきた。証券市場の影響が全社会に及び、かつそれへの信任が大きく揺らいでいる現在、とりわけアメリカにおいては企業改革法に加えて市場原理を一定制約する社会法としての厳格な証券取引法、会社法が必要とされているのではないだろうか。

また会社法は「標準書式としての会社法」として、交渉や投資時の調査の必要をなくすという意味で取引費用の節約に資するという公共財的側面を有し[76]、それゆえ授権法的な任意法規性が存在すると考えられる。しかしそ

---

(75) 三ヶ月章『法学入門』弘文堂（2000）225ページ。

(76) 神田秀樹・藤田友敬「株式会社の特質、多様性、変化」前掲『会社法の経済学』

のような任意法規性を最大限に利用した公開会社の株式が市場で取引され，投資家保護が必要であるという視点から考えると問題なしとしない。それは情報が対称であり投資家などの市場参加者が十分に公開された情報を元に合理的判断ができることが保証されている場合にのみ可能な議論である。現実的には情報が非対称であり，契約自由の原則ということで定款ですら経営者の恣意によって書き換えられる可能性を考えると，零細株主を守るためにも強行性法規は必要であろう。ウォールストリートルール，すなわち株式売却がそのような零細株主の権利擁護の方法として有効であるともいわれるが，個々の株主ではなく株主全体を考えれば必ずしも有効な方法とも言えず，実際にも株価急落場面ではウォールストリートルールは機能しない。

　サーベンス―オクスリー法（企業改革法）は証券法，証券取引所法の改正という形をとっているが，実質的に連邦会社法の役割を果たし，統一会社法の制定という点に限れば評価できる[77]。

　しかし「2002年サーベンス―オクスリー法案が異例のスピードで可決されたのは，11月の中間選挙をにらんでのことという意見も聞かれるが，こうした改革を行わなければ選挙に勝てないという姿こそ，米社会が健全である証拠ではないだろうか」[78]とまで手放しにはなれない。私見では前述のごとくその制定は大統領主導で拙速かつ政治的であり，政治が経済界の不祥事に罰をすばやく与えたという形が感情的という印象すら与える。その印象の根拠は禁固25年を筆頭とする重罰主義である。

2　重罰主義についての考察

アメリカ企業改革法において禁固25年以下の禁固刑を科されるのは「公開会社の証券に関して人を欺く行為」[79]に対してである。このような重罰主義

　　457ページを参考としている。
(77)　日本法においても会社法の基礎部分たる昭和25年改正においては，「経済の民主化，証券民主化」を旗印に公開会社を前提に作成されているが，実態は株主の利害調整や債権者保護の色彩が強く証券市場発展に必要な市場の公正化についての内容に乏しい。それ以降の幾多の改正や取締法としての証券取引法の充実があったが，全国民に開かれた投資家保護のための公開会社法というべきものの創設がなお必要であろう。
(78)　河村賢治「米国における企業統治改革の最新動向」旬刊商事法務1636号（2002）。

が適当であるかを検討したい。

今回のような証券犯罪には以下の特徴があると思われる。
① 犯罪防止対策が比較的容易。公開企業経営者について監視すればいいのであり，大多数の国民には犯罪を引き起こす可能性がない。
② 再犯率が低い。一度このような犯罪を犯せば再び公開企業経営者の地位に就任することはまれである。
③ 高水準の自己利益確保が動機である。生活苦など他の犯罪の動機となる水準とは違う。

の3点である。

そして証券犯罪の重大性は，
① 不実記載など詐欺的行為によって株主，投資家をはじめ会社関係者に損害を与える，
② 公共財たる市場に対する信任を傷つけ，場合によっては恐慌の引き金を引くことすらある，

の2点であろう。

これらの証券犯罪の防止について考慮すべきことは，
① 当局の行政責任，監査機関の制度設計の責任も大きく問われる，
② 投資家，株主の損害を回復できれば「刑罰応報論」的な対応の必要性は比較的少ない，
③ 高水準の自己利益や名声を求める犯罪ゆえ高額罰金の懲罰効果が大きい，

と考えられる。

刑罰理論には大きく分けて応報刑論と抑止刑論がある[80]が，証券詐欺は犯罪者の異常心理，もしくは犯行時の異常興奮状態が原因とはなりにくい犯罪であり，抑止効果を重点に刑罰を考えるべきである。そして刑罰だけが抑止の手段ではなく，逮捕，拘留，公判への出頭強制，裁判の言渡しのほか，報道による名誉失墜なども刑罰的効果が大きいことも考慮すべきである。刑法の補充性・謙抑性の原則[81]からしてもその適用は慎重に行われるべきで

---

(79) サーベンス―オクスリー法807条。
(80) 平野龍一『刑法 総論I』有斐閣（1996）20ページ。

あり，罪刑法定主義に従い構成要件を明確にし，行為と結果の間の相当因果関係についての立証が必要なことはいうまでもない。

エンロン，ワールドコム事件の場合，それ以外の政治経済情勢もあり，社会を震撼させた責任を大きく問われることは当然であろう。不正自身のほかに社会震撼責任とでも言うべきものを問うことでしか禁固 25 年という重罰は出てこないと考えられる。しかし一般的な証券詐欺事件について，社会を震撼させた罪が問われるのは適切であろうか。アメリカの模範刑法典は，刑罰についての規定は「犯罪を防止すること，犯罪者の矯正と社会復帰を促進すること，犯罪者を過度の，均衡を失した，恣意的な刑罰から護ること，など」を目的とするとしている[82]。これも抑止刑的な原則であろう。

「刑は，犯人の責任に応じて量定しなければならない」という原則の下，原因たる行為の犯罪性に主要に比例して量刑が定められるべきであり，因果関係がそれ以外の要素にも帰納し得る「社会震撼の罪」を対象に最高刑を一気に現行法の 4 倍にしたとすれば疑問が残る。これ以外の資料隠蔽などの違反に対する刑期も軒並み 4 倍以上に引き上げられているが，アメリカの現下の問題点を法制度の厳罰のみに帰納してしまう弊がないのであろうか。

犯罪を防止する手段として一番手っ取り早いのは，重罰であるという意見がある。経済学的には重罰を科すことはは「犯罪を行うコスト（不利益）を思い切り高くすることで，犯罪を抑止しようとするものである。」「人間の行動の原則は，利益を求め，不利益を避けて行動するということである。この原則に乗っ取って人を動かし，大したコストをかけずに最大の効果を上げる。」[83]ということである。

しかし重罰主義は経済学的にのみ評価されるべきではなく，それに対する批判は「韓非子」を引くまでもなく古来から存在するし，現行法との継続性，他の法律の量刑との整合性も問われる。何よりも重罰は「毒を食らわば皿までも」という累犯を助長し犯罪の大規模化を促す。それゆえふたを開けて見

---

[81]　平野龍一『刑法　総論 I』有斐閣（1996）47 ページ，「刑罰は他の社会統制の手段が十分でない時……に発動すればよい」。

[82]　102 条 2 項。

[83]　竹内靖男『法と正義の経済学』新潮社（2002）101 ページ。

れば社会を震撼させる大事件，というケースが増えることも予想される。

このような諸点からサーベンス―オクスリー法における4倍という大幅な量刑増加には反対したい。現代社会に占める株式を公開している巨大企業のプレゼンスは増大しており，その増大した社会的比重に対応した量刑の一定の増大はやむをえないが，漸進的な対応が求められる。

3 小 括

サーベンス―オクスリー法は「企業改革法」とも呼ばれているが，企業改革について誰が行うべきなのか，というコーポレートガバナンスの主体性についてはあまり議論が行われていない。立法を司るのは議会であるし，政府機関たるSECやその管轄下にあるNYSEが主体的にそれぞれの役割を果たすのは当然である。そのような機関や規制も従来からコーポレートガバナンスの重要な一部分を構成しており，この間の事態はコーポレートガバナンスの公正性維持のためには重心を企業自治から社会的規制に一定程度移す必要性があることを示していると考えられる。

しかし公開企業が社会的規制を強めようという論調の中で唯々諾々とそれに従うのみ，というのはどうだろうか。元来コーポレートガバナンスとは企業内自治を前提とした考え方であるが，外部ガバナンスすなわち会社法，上場規則，SECなども企業自身が自主的に立法提案し，その意見が尊重されて法制化されることが必要である。その視点から公開企業経営者は，自らの行動を律する法令の立法議論に主体的に参加しなければならない。アメリカにおけるビジネスラウンドテーブル，日本における日本経団連など経済団体はいくつもあるが，公開企業のすべてを包摂・網羅したものは存在しない。これを各取引所が創設し，意見を聴取し，同時に啓蒙・教育の場とすることがとりあえず必要であろう。そうすれば今回のごとく産業界にいきなり重罪を含む法が天下る，という事態も避けられる。そのような経営者組織を人為的に創設することに反対する議論もあろうが，必要性があるならば契機創設ははそれを全体的に管理しているもの，すなわち取引所の務めである。

コーポレートガバナンスに関する会社法の裁判準則についても，これまでのアメリカ法律協会（ALI）の「コーポレートガバナンスの原理：分析と勧告」を中心にしたスタンダードアプローチから，一気に強行法，制定法的な

アプローチに移行する可能性もある。今回のサーベンス―オクスリー法の生成過程に見て取れるように，企業統治全体が大統領を中心とした連邦政府からの上位下達の中央集権体制に移行しかねない。

　私見の結論として，公益性の立場から契約自由の原則を一定制約し，会社法の州間競争を排除する社会法としての連邦会社法は，企業社会の急速な発展とその社会性に鑑み必要であると考える。しかしそれは今回のアメリカ政府・議会の対応のごとく対症療法，中央集権的手法であってはならず，産業界，法曹界における議論の継続性と整合性を重んじた慎重で冷静なものでなければならない。そしてストックオプション，監査人，アナリストについてはサーベンス―オクスリー法以上の厳しい規制が必要であり，証券市場・企業社会の自由主義的発展に一定制約を加える可能性があっても実施すべきであろう。

第3章　コーポレートガバナンスと効率性

1　歴史的経緯と考察の視点

コーポレートガバナンスについては，法律学的なアプローチとしては，取締役（会），監査役（会）の法的意義と役割について，主として商法違反をどう防ぐかという公正性の視点から議論が深められた。また戦後の商法改正においては，具体的な不祥事をもきっかけとして公正性を強化するための法改正が繰り返し行われている[84]。

現代におけるコーポレートガバナンスを考える場合，主要にその対象と考えられる大規模公開会社においては，いわゆる「経営者支配」と呼ばれる状況が出現していることをまず考慮しなければならない。「経営者支配」とは，1932年にバーリーとミーンズの共著『近代株式会社と私有財産』において初めて実証的に提起された考え方で，近代大規模公開企業においては企業所有と企業経営の主体が分離している場合が多く，そのような場合経営者が株主に優越して会社を支配しているとするものである[85]。株式市場の発展による株主大衆化の進行によって，企業によっては大株主が存在せず株式が多くの零細株主に分散しており，そのような場合経営者は少数の自社株式の所有によって企業を支配することができ，それゆえ株主の権利は株式市場の拡大に伴って縮減してきたということが「経営者支配」の意味するところである。

「経営者支配」下においては，経営者は株主の利益を重視するというよりは，自分の部下たる従業員や自分自身の利益[86]から経営を行うようになる。こ

---

(84)　山陽特殊鋼事件と昭和49年改正，総会屋事件と昭和56年改正など。
(85)　本書第1編に詳述。
(86)　自己の報酬と付加的報酬を充実させる，挑戦的投資を行わず内部留保を厚くし，経営安定を図ることによって自己の任期を長くする，などが考えられる。

れについてハーバード大学ビジネススクール名誉教授マイケル・ジェンセンが企業のインサイダーとアウトサイダー，すなわち会社内部者と株主との利害の不一致という視点から「エージェンシーコスト」を提起している[87]。ジェンセンのいうエージェンシーコストとは，経営者の持株が100％になったときの株主利益と，経営者の持株がある一定の比率になったときの株主利益との差額である[88]。これが「経営者支配」における株主から見た具体的損失となる。最近のコーポレートガバナンス論は，この「経営者支配」状況下で，株主と経営者の権限配分，そして結果的には利益配分の問題として，エージェンシーコストを減じ株主の復権をどう実現していくかという問題として検討されてきた。さらに現代ではコーポレートガバナンスの目的は企業の経営効率の維持向上であるとの一般的合意も形成されつつある[89]。

アメリカにおけるコーポレートガバナンスの議論は1960年代に企業の社会的責任を追及する消費者運動の高まりの中で発生した。これは企業の構造的欠陥を指摘するものであり，効率性の維持向上を目的とする現在のコーポレートガバナンスとはかなり落差がある。そして80年代にアメリカにおいてはTOBが全盛となり，経営者はTOBの実行，あるいはTOBから自社を防衛するためのさまざまな手法に経営資源を費消した。結果的に企業のパフォーマンスが下落し，経営改善のための経営者への権限集中が行われたが，これが更なる経営者支配を生み，独走と怠慢として結果した。87年10月，株価大暴落（ブラックマンデー）を経験し，その反省から長期的な経営改革が考えられ，90年代に台頭したCalPERSなど年金基金を中心とする大口機関投資家は，企業の主権者として経営自体に介入を始めた。従来は株式売買によってその評価を伝えるだけであった機関投資家は，相場低迷下では株式売却の市場インパクトが大きすぎるため，売却執行コストを吸収できないと判

---

[87] M. C. Jensen., and W. H. Meckling "Theory of the Firm; Managerial Behavior, Agency Costs and Ownership Structure" Journal of Finance Economics, Vol. 3, 1976, p. 305.

[88] M. C. Jensen, "The modern Industrial Revolution,Exits, and the Failure ofInternal Control Systems" Journal of Finance 48, 1993, p. 831.

[89] 大村敬一・増子信『日本企業のガバナンス改革』日本経済新聞社（2003）30ページ。

断し効率化を求めて経営に介入し始めたのである。アメリカ経済は87年の株価大暴落後，回復の道を歩み2000年後半まで好景気を持続した。この好景気や株価上昇には，過去の問題点を教訓とした機関投資家のモニタリング，社外取締役の導入などのコーポレートガバナンスの確立が重要な役割を果たしたといわれている。しかし機関投資家を含む大株主は，役員派遣，融資，企業取引などからも利益を回収し，他の零細株主の利害を軽視する可能性があることも指摘されている[90]。またそのモニタリングも重複モニタリング，フリーライダー（ただ乗り）問題[91]を内包している。

現代においては企業の利害関係者（ステイクホルダー），すなわち従業員，取引先，地域コミュニティーとの利害調節も課題として浮上している。ティロールは1998年の国際計量経済学会会長講演において，コーポレートガバナンスをステイクホルダー全体の経済厚生の増進を図るための経営者を規律づけする制度的デザインであると定義している[92]。

本章においては，以上のような歴史的経緯を踏まえ，コーポレートガバナンスの諸問題を，その前提となるパイの大きさ，すなわち企業の利益総額を稼ぎ出す効率性の観点から論及したい。

効率性に論及する前に公正性に関して触れておくと，前章で見たように，エンロン・ワールドコムの事件を経た現在，不正の誘因になっている高株価至上主義とストックオプションによる経営者処遇という経営のあり方と，それを許した会計上の諸問題にメスを入れる必要が増大している。

この会計不正の問題を考える場合，経営者の誠実さや倫理，人格の問題に大方の原因を帰納し，それゆえコーポレートガバナンスを教育の問題ともする考え方が提出されているが[93]，やや疑問を呈せざるを得ない。組織犯罪，

---

(90) 小佐野広『コーポレートガバナンスの経済学』日本経済新聞社（2001）233ページ。
(91) 誰かが費用を掛けてモニタリングをしてくれれば，自分は費用を負担する必要がないという問題。
(92) しかしこの議論においても，株式価値の最大化を企業目的にすることはある条件の下では社会的に最適となることは認められている。
(93) アメリカビジネス・ラウンドテーブル　ジョン・ディロン会長（インターナショナル・ペーパー社会長）。

確信犯ともいえる会計不正に対しては説教よりも具体的法的規制がより必要なのではないだろうか。企業は市民社会の原則と常識の下に運営されており，常習犯罪者や組織犯罪，確信犯に対する警察機能は有していない。

たしかに立派な人士が経営を行うことはあらまほしい。一人一人の経営者が自身の高潔な倫理観に基づいて経営を行うよう促すことも無益ではない。しかしわれわれがまず考えなければならないことは，個々の企業の会計を正確誠実に仕向ける外部と内部のガバナンスによる公正性確保であり，そのためには過去の事例に照らした綿密な工夫が重要である。

その意味ではエンロン・ワールドコム事件後，米国SECが上場企業の経営トップに決算書の正確さを保証する宣誓書の提出を求めていることは，泥縄的な観を否めないとはいえ，一定評価すべきであろう。もちろん従来から経営トップは決算書に署名してその正確さを保証しており重複するが，改めて確認し，罰則を明確化することは必要な措置といえよう。

公正性については以上のように，規制強化と罰則の明確化という点に議論を留め，これまで法律学の視野にあまり入ってこなかった効率性について仔細に検討したい。

2 コーポレートガバナンスと効率性

企業が世に存在する限りそこには競争があり，企業間競争において敗者となれば市場からの退出を余儀なくされる。資本主義社会の基本構造がこの競争を通じた資源配分と社会的厚生の向上にあるがゆえに，敗者を生み出すことを必然とする熾烈な競争は不可避である。もちろん単一商品の競争において負けたとしても，企業がそれだけで必ずしも企業競争の敗者になり退場を余儀なくされるわけではない。総体として環境に対応できず旧来の体制，方針を墨守する企業が長期的には敗者となっていく。しかし企業は株主，従業員，取引先，地域社会から敗者となることを許されていない。コーポレートガバナンスの公正性は確保されるべき重要な要素であるが，会計不正が多くの場合収益悪化が引き金となっていることを考えると，公正性以上に企業が安定的に利益を創出していくための効率性確保が重要であるとも言える。

企業の社会的プレゼンスから考えるとコーポレートガバナンスにおける効率性の問題は，まず企業を倒産に至らせない仕組みの問題として，そして進

んで平均的利潤率確保の方策として考えるべきである。倒産に至らせない仕組みとは，経営数値のパフォーマンスの悪い会社機関や経営陣をどうやって改善するかという問題と捉えることができる。会社機関が正常に機能していればそれぞれが他企業をベンチマークし，他の優れているところ，自らの至らないところを認識し，長期的にそれを改善することによって，業界あるいは全産業界の平均的利潤率を確保することとなり，倒産に至ることはありえない。経営者個人の利益を図る行為を取り締まる方策も必要ではあるが，少なくとも企業破綻に瀕したとき，個人的な利害を度外視しても倒産を回避しようとするのが経営者であり，個人的利益の背任的確保を行ったことが破綻の最大の原因になるということは考えにくい[94]。

経営者の独裁専制によって会社機関が有名無実化し，人事が情実で行われ，責任をとってやめるべき人間が居座るということがあれば，上記のような効率性が損なわれ，やがて企業は倒産の道に至る。コーポレートガバナンスの効率性とは，まずこのように企業として倒産回避や企業資産劣化に対して，会社機関のモニタリングと改善の執行が最低限機能しているかがポイントになるのであって，新戦略・新商品などのマーケティングや，経営戦略に関連することではない。アメリカにおける社外取締役を中心とした取締役会の発展と，報酬，指名，監査の各委員会の役割もまずその企業の経営状況のベンチマークと，それを運営している会社機関が機能しているかを監視するモニタリング，さらには改善方針の採択が最大の重要性を有している。

公正性と比べ効率性についての議論は法律学の分野では十分になされてこなかった理由は，効率性は経営学の領分とされ，「どう儲けるのか」ということは非学問的，法律学的と考えられてきたことにある。しかしコーポレートガバナンスという言葉自体が法律用語ではないこともあり，それに論及することは必然的に従来の法律学の守備範囲を超えるものとなる。いかに効率的に経営を行うかは経営学の領分に属することであろうが，効率的な企業を生み出す社会的外部ガバナンスは何かということになると，コーポレートガバナンス論の領域となり，今後法律学の分野からも大いに議論しなければなら

---

(94) 倒産が不可避と考え，経営者が個人的利益を背任的に確保することとは分けて考えている。

ないのではないか。

　効率性を高めるコーポレートガバナンスシステムとしては市場メカニズムを利用した方法も考えられてきた。会社支配権市場の確立が有効であるとの考え方も根強いが，敵対的企業買収（TOB）はアメリカにおいてもダイバシティディスカウント（多角化による減価）の問題もあり 90 年代においては下火になってきた。またそれに変わるものとして期待される機関投資家によるモニタリングも，前項で見たように効率性を確保する決定的な方法であるとは現在認められていない。そもそもこのような市場システムを生かしたガバナンスシステムが有効であれば，システム同士の競争によって淘汰が発生し最良のもののみが生き残っているはずであるのに，さまざまな組織と議論が現代においても並立して存在していることを考えると全面的に依拠することは出来ないであろう。

　また効率性はつまるところ取締役の任免である，とする見解も有力であるが，これまでも経営責任を取締役の任免投票で問うことができるシステムは存在した。しかしこれが機能してコーポレートガバナンスが確立したとは言いがたい。むしろ株主総会の形骸化が言われ任免を含む全ての株主参加について後退しているのが現状といわねばならない。任免に必要な部門別損益状況や事前予測との差異分析などの開示と，ネット利用の株主総会参加などの参加しやすい工夫が必要であり，それを前提に株主参加のインセンティブについての工夫がなされなければならない。

3　効率性についての従来の見解

　コーポレートガバナンスの効率性については従来から末永敏和大阪大学教授が定義を明らかにされている。「効率性のチェックは究極的には経営者の能力チェックであり，有能な経営者の選任と無能な経営者を解任・不再任とすることであり，業務執行の妥当性の監督と同意義であるといえる。」[95] また川村正幸一橋大学教授は「わが国の問題状況を考えると，会社法上のコーポレート・ガバナンス論が現在課題とすべき論点の第一は，ガバナンス・システムの改革により企業経営に効率化をもたらそうとする経済的・経営的視

---

(95)　末永敏和「コーポレートガバナンス」ジュリスト No. 1155（1999）122 ページ。

点にどのように答えるかという問題である。」とされている[96]。

　効率性が会社法の世界で大きく注目されたのはシカゴ学派の新自由主義の主張からであったと思われる。シカゴ学派の主張は，資本主義制度の下における市場メカニズムの調整作用を尊重し政府の自由放任と企業の自由競争とを最良とし，経済的効率性と経済分析に重きをおく[97]。そして市場メカニズムが資源の合理的配分を促し経済の効率性を高めると考えられ，効率的な大企業や独禁政策が称揚された。

　このような視点から効率性を考えると，制度選択の余地を幅広く企業に与え，自由競争を保障する公正なルールとなる法を作りさえすれば，制度間競争によって最良で効率の高い制度が生き残るという簡単な結論になる。実際アメリカにおける会社法は州間競争によって発展してきた経緯があり，規制の緩やかなデラウエア会社法に収斂して来たことを考えれば一定の説得力があるといえよう。しかし同時に 2003 年企業改革法が連邦法として必要となったように，大規模公開企業の発展とその社会的影響力は，大企業のコーポレートガバナンス問題を企業間自由競争に限定して考えることを許さないところまで発展させている。リセッションや企業会計不正，リストラや失業問題など，大企業が惹起する問題はその国際的影響や国民経済に与える影響が往時と比べ物にならないほどになっている。日本における銀行破綻や，アメリカにおけるエンロン・ワールドコム事件の発生時に，当局や国家首脳が最も懸念したことは全世界的なクラッシュや景気後退の引き金を引くことであり，コーポレートガバナンスシステムではないであろう。このように現代においては，コーポレートガバナンス問題が経済的にのみ整合性が確保されていればいいというものではなくなり，むしろ外部経済効果として政治的諸要因がコーポレートガバナンスに介入してくるという段階に入っている。

　政治的には全国民をも射程に入れた政策としてコーポレートガバナンス問題が扱われる段階に至っているという認識が今必要とされているのであり，

---

(96)　川村正幸「コーポレートガバナンスの改革方向」企業会計 Vol. 50, No. 4（1998）50 ページ。

(97)　田中誠二「会社法についてのシカゴ学派とその批判」一橋論叢 100 巻 4 号 491 ページ以下を参考としている。

末永教授説のようにコーポレートガバナンスの効率性を経営者の任免に収斂させる、あるいは業務執行の妥当性の監督に留めるだけでは今や不十分といえるのではないだろうか。川村教授提唱のごとく、コーポレートガバナンス問題の第一の論点として効率化を採り上げ、社会に重要な影響を与えるという視点から効率性確保の問題に論及せねば、今後の大企業の社会性に対応できなくなるといわなければならない。

　また経済学の立場からすると、効率性とは、状況全てを考慮に入れて行動を決定する能力がないことをいう限定合理性 (bounded rationality)、手段を選ばず利益追求する行動様式をいう機会主義 (opportunism)、当事者の一方が他方の知らない情報を持っているという意味の情報の非対称性 (asymmetric information) などの条件の下での最適なコーポレートガバナンス形態を考えるという、制約条件がついた効率性を意味する[98]。したがってこのような条件下で、経営者の報酬や会社組織、資金調達の関数として効率性を考えることとなる。また制度的補完性 (institutional complementarity) や歴史的経路依存性 (historical path dependence) にも言及しなければならない。この議論については第1章第2節で一部触れたが、全般について検討することは避けたい。総じて経済学からの効率性についての議論は法律論・立法論にとって参考になる視点は多いが、モデルを中心とした議論になり、現実のコーポレートガバナンス改革とはやや距離を置くことになる。したがってここでは実定法や関係諸法規についての議論に留め、関係する経済学からの示唆に触れるのみとする。

4　効率性確保のための推奨型外部ガバナンス

　これまでは法的ガバナンスシステムとして、商法では取引の安全や経済社会の発展、証券取引法では投資家保護を目的として守るべき法的要件が定められていた。このような法的ガバナンスシステムは公益性の観点から最低線のラインを定めたもので、ボトムキープという意味では有効であった。従前の会社法・証券取引法の役割・守備範囲はそのようなものであったと言っていいであろう。

---

(98)　小佐野広『コーポレートガバナンスの経済学』日本経済新聞社 (2001) 6ページ。

しかし経済的変化が激しく，世界的大競争が展開されている今日，法や外部ガバナンスの役割や守備範囲は，最低ラインを保持するボトムキープだけではもはや不十分である。大規模公開企業をはじめとする企業総体の社会における影響力は巨大化しており，それゆえ企業破綻や会計不正を防ぎ，企業を効率化させ，全ての企業関与者の利益を保持向上することの社会的重要性が高まっている。そして前述のごとくアメリカのエンロン・ワールドコム以降の企業改革法やNYSE規則などにおいては，社外取締役が取締役会の半数を占めるべきなど必ずしもボトムキープに留まらない，推奨型あるいは誘導型といえる外部ガバナンスが出現し，外部からも効率性を強化する試みがなされている。

イギリスでも公開企業の競争力を高めることを目的としたキャドベリー委員会報告書が1992年に提出され，その「最善の実務の規定」においては取締役会の運営方法，各委員会の運営方法，開示の適切な方法に至るまで例示している[99]。また日本の平成14年5月の商法改正における，商法特例法上の大会社における委員会等設置会社の制度選択とその場合の監査役の廃止が可能になったことも，このような推奨型外部ガバナンスと優遇措置による誘導によっての効率性確保の試みと考えることができる。平成13年6月の改正でも自己株式取得が原則自由とされ，平成13年12月の改正では社外取締役の責任を定款で制限することを可能となった。一般予防規制を極力排しようとするこれらの試みもモデル的な推奨型提示としても評価できる。

近時の企業間競争は国民経済の命運を左右しかねない重要性を有しており，各国は国益を視野に入れて政策・法改正を展開している。アメリカにおいて会社法の州間競争が現在の企業社会の発展を一定裏書きしたように，今後は各国間の政策や法律面での競争が不可避であり，優れた法政策はその国の企業発展の原動力の一助になるであろう。その場合ボトムキープ的な会社法を越えて，外部ガバナンスとしてコーポレートガバナンスの効率性を高めるようなモデルを具体的に提示することが有効かつ必要であろう。

もちろん企業は会社法だけで競争しているわけではなく，良い会社法を有

---

(99) 八田真二・橋本尚共訳『イギリスのコーポレートガバナンス』白桃書房（2000）15ページ以下。

する国家の企業が競争に敗れることもある。またわが国のような強行法的会社法ではなく英米型の任意法規的な会社法の流れが会社法自体においては趨勢であり，推奨型提示以上に市場の自由競争に任せるべきであるという反論も考えられるが，アメリカでもイギリスでも大規模公開会社に対する規制は決してこれまでも任意法規ではない。アメリカでは33年，34年の連邦証券規制や上場規則が会社法における強行法として機能している。イギリスでもFSA上場規則が上場企業に対する強行法的会社法であると評価できる。

　推奨型提示と誘導による外部ガバナンスは，たとえば上場規則において3期連続赤字の場合CEOが退任することを公約した企業については上場に関する優遇措置を与える，というような形が今後出現することも考えられる。また社外取締役はその善管注意義務において効率性を高める義務を有するとし，会社が赤字にならないよう適切に裁量権限を行使することが善管注意義務の内容に含まれることを明確化することもコーポレートガバナンスの効率性確保にとって有効であろう。ドイツで2002年にコーポレートガバナンス・コード(勧告)の遵守状況開示という規整が導入されたこともこのような動きの一端であろう[100]。

5　経営内部における効率性

　振り返ってみると，会社関係訴訟の大半は究極的には利益の配分に起因している。粉飾決算の事例についても経営の悪化が引き金を引いている場合が多い。またアメリカにおけるTOB規制の流れを見ても，TOBの結果として企業が分割され地域の工場が閉鎖された場合，地域に与える財政的影響が大きいということでTOBを規制する州も散見される。つまり企業は利益創出ができなくなり，地域に対する貢献ができなくなった時点で諸種の問題を抱えるのであり，企業経営は利益確保を一番の重点にしなければならず，利益が確保された企業において不正の起こる確率はそうでない企業に比べて低いことは容易に想像できる。もちろん利益を大きく上げている企業においても時に不正は発生するが，「衣食足りて礼節を知る」という側面があることは否めない。

---

(100)　ドイツ2002年改正株式法161条。

大規模公開企業においては一定の利益を上げることが株主にとっても社会にとってもまず重要であり，今後のコーポレートガバナンスは公正妥当な利益を確保するために設計されるであろう。それがコーポレートガバナンスの公正性を確保するためにも結果的に資すると考えられる。企業の収益に影響を与える法政策にはまず産業振興や規制緩和があるが，誘導的に効率性を高めるコーポレートガバナンスの確立も経済発展に有効であろう。

　このように効率性ガバナンスは内部運営の視点からは売上高やシェアを目標とするより，最終利益の最大化を目的とする利益志向ガバナンスでなければならない。利益志向は株式会社が世に生まれ出たときから運命づけられた使命であり，改めて再確認するまでもないが，それをコーポレートガバナンスの効率性と結び付けた考え方が必要とされるべきであろう。

　しからば社会に貢献する利益指向型ガバナンスとは何か。それは日産自動車の再建過程を見れば明らかである。日産自動車は1998年，2兆1000億円の負債を抱え倒産の危機に瀕した。それまでの株主の株式資産が時価評価額の低下という形で大きく毀損され，社員などステイクホルダーの利益も風前の灯となった。然るに2003年3月期決算では，同社は業績を急回復させ最高益を計上するのみまらず負債を一掃し，あまつさえ営業利益率ではトヨタ・本田を上回った。

　同社が倒産すれば社会的影響は甚大であり，それを救ったものは欧米型といえる経営力であるが，その経営力の執行を可能にしたガバナンスもあるべきコーポレートガバナンスであったと考えられる。しからば巨大企業を見事に再建する過程を見守り，助力したコーポレートガバナンスはどのようなものであったのか。そしてそれ以前の日産を危機の淵に追いやったガバナンスは何だったのか。簡単に言えば前者は取締役9名の利益志向型アメリカ型ガバナンス（親会社ルノーはフランス企業であるが）であり，後者は40名を超える取締役会の日本型ガバナンスである。前者はカルロスゴーンCEOに権限を集中させた経営とそれを許したガバナンス[101]であり，後者は大勢の取締役・監査役がいたが危機に瀕して何も有効な対応をしなかった経営とそれを

（101）　社外取締役，監査役等も存在したがCEOが経営数値を飛躍的に改善する過程においては利益配分・報酬に問題がある場合以外ほとんどその出る幕はないといえよう。

黙認したガバナンスであった。

このように利益志向ガバナンスは，従来型日本的ガバナンスと時に好対照を見せる。利益志向ガバナンスの第一のポイントは，権限をCEO一人に集中して取締役会はその監督に徹するという体制である。経営を取り巻く諸環境は，近年その変化速度を加速度的に増している。このような情勢下で，従来の日本企業のようなボトムアップ方式は，もはや通用せず，全権を掌握したCEOが臨機に対応することが必要である[102]。生え抜きの社内取締役が総体として経営に当たるという従来の日本型経営手法は，集団無責任体制を招来し，経営能力ではなく調整型人材がCEOに就任することを促すという構造的問題点を抱えている。しかしこのようにCEOに権限を集中させる場合，経営者の個人的利益追求を許さない取締役会によるコーポレートガバナンスの構築がより必要となる。

第二のポイントは取締役会が，CEOの最優先の仕事が利益を生み出すマネジメント[103]であることを明確に認識してモニタリングを行うということである。経営には大きく分けてマーケティングとマネジメントの両面があり，CEOはその両面を管理しなければならないが，とりわけ利益志向という，企業存続に最も重要な要素にはマネジメント，すなわち経営計画の予定数値どおりの業務遂行の徹底が必要である。社会的貢献も株主重視も従業員福祉もその源泉は全て企業が利益を創出することにある。それゆえCEOがなすべきことはまず利益の創出であり，そのための業務がマネジメントである。取締役会はCEOによるマネジメントがどれだけ進んでいるかを経営計画に従って監督し，それが不十分である場合，経営者の交代を伴う改善策を講じるべきである。ここにおいて執行と監督というCEOと取締役会の役割と関係性とを明確にし，それぞれが任務を全うしなければならない。

コーポレートガバナンスの議論をこれまでの公正性の範疇にとどめず，効率性，そして利益志向ガバナンスと論を進めたとき，当然CEOの役割につ

---

(102) 取締役の法務111号60ページ参照。
(103) マネジメントにはいろいろな訳語が存在するがここでは「管理」として，利益を創出するための経営計画における予算を実際に実現していくための管理監督業務と考えている。

いても変化があるべきであり，それが利益を生み出すマネジメント中心の役割となる。その時 CEO がどのように業績を評価されるべきかという点と，評価に必要な客観指標について以下で検討する。

6 効率性指標と改革への示唆

コーポレートガバナンスの効率性を考える場合，客観的な判断基準が必要となる。その判断基準の一つとして会計的数値や指標がある。効率的か非効率かを数値判断する指標に何を用いるべきかについては，論者によって売上高経常利益率であったり，ROE, ROI, EVA であったりなどさまざまな見解があるが，私はコーポレートガバナンスの効率性の指標として ROI (資本収益率) を用いることを主張したい。

この間の日米における IT バブルの崩壊局面において多くの IT 企業の株価が急落し，株主は多額の損失に直面したが，その際問題は IT 企業株が将来の期待収益率を元に株価を算定され，それによって時価発行増資を行っていたことである。この場合収益をあげるためのコストには投入資本が入っておらず，仮に期待通りの収益が上がったとしても，それは投下総資本に対する利益率としては大変低いものとなる場合が多い。したがって資本を投入する一般投資家や株主の権利を擁護するということを破産回避というボトムキープの観点から考えるとすれば，それは資本収益率 (ROI) を重要視することを規律付けることから始めなければならない。現在の上場基準では経常利益の絶対額が指標として示されているが，ROI を採用すべきであろう。

たとえば売上高経常利益率で効率性を論じると，投下資本は多くの場合，投下された物的資本の減価償却でしか費用化されないが，それは耐用年数に該当する期間にわたっての事業の継続があってはじめてその会計処理が妥当であるといえる。現代の企業社会における変化の早さに照らせば，建物の最長 47 年という償却期間は結果的に損失の先送りになり，当該事業の償却期間内における打ち切り時に突然損失として会計的に認識され株主の負担になる可能性も大きく，株主の利益擁護，会計の保守性確保の観点からしてふさわしいとは言えない。また生産諸設備も物理的磨耗の前に，陳腐化という道徳的磨耗が競争状況と業界環境によってもたらされる。それゆえ効率性指標としては単に収支を示すものではなく，それに資本コストを反映させた ROI

が適当であると考える。

　効率性の数値指標を考えるときには，当然決算書が正確なものでなければならない。コーポレートガバナンスの公正性の側面から監査の正確性が求められるが，効率性の側面からも公正性とは異なる要素も含めて正確性と透明性が求められる。まず決算は企業グループの全体像が理解できるように連結ベースで財務諸表を作成し，全体を一つの財務諸表で報告することが必要である。それと同時に，企業内においても事業(部)毎のセグメント情報を開示することも重要である。これによって投資家は事業部毎の戦略と競争状況を知ることになり，自身の投資先企業がどのように効率的に運営されているかを株主総会前に知ることができ，担当取締役任免の重要な資料ともなり，株主の任免投票インセンティブを向上させる。さらに第4章第2節「取締役の報酬」で検討するが，経営目標数値を事業部ごとに明示し，最終的にはROIの達成状況と取締役報酬とをリンクさせたコミットメント(社内における擬似契約)を行い株主に報告することが今後必要であろう。

　その場合公正性，効率性向上の両面から，売上，引当金，在庫，資産の評価について透明性を向上させなければならない。アメリカにおいては，監査を受けたものではないプロフォーマ(予測ベース)会計で大幅な利益を上げておいて，SECへ提出する公式の決算報告ではそれを上回る巨額損失を計上した事例が近年頻発したが，それに対して，2003年以降企業はプロフォーマの数値がGAAP[104]に沿った確定数値とどう異なるかについて明記することを義務付けられた。同様に過去における業績予測数値についても，現実との乖離について差異を分析してその原因を明示すべきである。

　さらに近時焦点化している問題としてストックオプションの費用化がある。アメリカ商務省の推計によれば[105]，2000年におけるアメリカ企業約500万社を対象にした利益推計値において，ストックオプションの行使分を費用計上すると利益が対前年に比して約2割減少しており，民間調査会社によるストックオプションを含まない企業全体の利益推計値が2割超の増益になっていたのと大きく異なっている。ストックオプションは株主にとってはエー

---

(104)　アメリカの一般会計原則。
(105)　日本経済新聞2002年8月10日14版1面。

ジェンシーコストの大きな部分を占めるものであり，はっきり費用化されなければならないし，一企業においてもストックオプションを費用化して精算すると減益になるというような状況であれば，ストックオプションをその会社で行うことの適否にまで立ち返って再検討しなければならないであろう。SEC は 2003 年 6 月 30 日ストックオプションに関する新規則を定めニューヨーク証券取引所とナスダック市場に上場している企業が新たにストックオプションを導入したり，権利の行使条件を変えたりする場合，既存株主の承認を義務付けることとした[106]。すでにアメリカ財務会計基準審議会(FASB)は従業員向けストックオプションを費用として扱うことを合意しているが，議会の抵抗も予想される。

　私見からはストックオプションに代わってエクイティーコンペンテーション（株式所有プラン）を提起している。従来からの役員持株会・社員持株会と基本構造は同一であるが，さらに賞与の株式支給，持株のための大幅な優遇ローンの拡充などによって株主と経営陣の利害同一化を図ることが，コーポレートガバナンスにおける効率性向上に大きな効果があると考える。

　年金基金の時価評価についても大きく企業収益に影響を及ぼすことがあるが，イギリスでは新基準 FRS17 によって時価評価を義務付けているし，アメリカでも FASB によって年金基金会計処理を改善する方策の検討に着手している。これによって年金資産と年金給付義務のギャップが貸借対照表に記載されることとなり，さらに決算書の精度が向上する。これについては委託先別の運用実績も開示する必要があろう[107]。

　このような諸数値の精度向上を促す会計原則を，上場規則等を含む諸法令によって誘導し，そのことをコーポレートガバナンスの効率性向上の基盤とすべきである。それにしたがって会社機関の制度設計を行うことが必要であり，その具体的内容について次章で詳述する。

---

(106)　THE WALL STREET JOURNAL. ONLINE June 30. 2003.
(107)　The Economist. Apr. 26. 2003.

第4章　コーポレートガバナンス各論

第1節　各国における法構造と問題点

1　アメリカの状況

アメリカでは基本的統治権が各州にあるため州ごとにそれぞれの会社法があり，会社を拘束する連邦法としては，公開会社に関する特則となっている1934年証券取引所法がある。大規模企業は会社設立州を選択する場合が多く，デラウェア州の会社法によって会社を設立することが企業にとって有利と考えられているので，ニューヨーク証券取引所およびアメリカン証券取引所に上場する企業の49％以上がデラウェア州において会社設立と登記がなされている[108]。

アメリカの各州の会社法では，株主は株主総会において①取締役の任免，②基本定款および付属定款の変更，③合併，解散等会社の基礎的変更，④利益相反取引への承認，などについてのみ投票を通じて権限を行使することとし，株主や株主総会は直接企業を経営できない場合が一般的である。利益処分は取締役会の専権事項となっているが，その取締役の選任が毎年なされることによって株主の意向が反映される。

現実にはアメリカにおいても株主総会は機能を発揮していないといわれている。その理由は平均3，4時間かかる株主総会は独善的な改革を主張する一部株主の発言に支配されており，議案の賛否についてはそれ以前に集計されている委任状によって結果が出ており，株主の株主総会への参加インセンティブが縮減しているからであると考えられる。実態としては会社の提案に

---

(108)　NACD（全米取締役協会）の1999年調査による。

反対する株主の累積票が10％に達することは稀である。仮に株主が会社提案に反対し，他の株主に反対を呼びかけて委任状争奪戦を行おうと考えても，無関心な株主に郵送料を負担して説得し，委任を取り付けることは事実上困難であり，それゆえにも株主総会は形骸化しているといえる。

　アメリカの取締役会は単層型で，ドイツなどの二層型に比して，監視の主体と対象が同一であり，自己監査であって利害相反が生じ監査の独立性，中立性が期待できないとの批判が以前からある。しかしこの制度的欠陥を補うために取締役会内に各種委員会が設置され，実質的に多層型取締役会として機能する努力がなされている。とりわけ監査委員会設置はニューヨーク証券取引所上場において必要事項となっており，監査委員は全員が社外取締役で構成され，監視対象となるCEOの出席は禁止されている。現在ではアメリカにおける監査委員会を中心とする各種取締役会委員会が，後述するように各種の問題点を有するドイツの監査役会よりも有効に機能しているとする評価が支配的である[109]。

　またIT技術の導入については，多くの上場企業が設立準拠法としているデラウェア州一般会社法の2000年7月1日から施行された改正法において，サイバースペースでの株主総会の開催を認めている。このネット上の株主総会を行うかどうかは会社に委ねられているが，現状では技術的な問題も多く，もしネット上の株主総会が行われれば委任状合戦に与える影響も大きいと思われる。

2　イギリスの状況

　イギリスにおいては1985年の会社法によって株主総会は最高の意思決定機関と位置づけられており，株主総会の権限に関する原則規定はない。アメリカと違い，株主総会は定款によって取締役の権限とされた業務執行についても，特別決議をもってすれば取締役に指示を与えることができる[110]。また配当や取締役の報酬の決定[111]なども株主総会の普通決議に付される場合

---

(109)　吉森健『日米欧の企業経営』放送大学教育振興会（2001）223ページ。
(110)　テーブルA 70条。
(111)　取締役会への出席部分についてであり，業務に対する報酬は取締役会が定める

が多い(112)。

しかし実態としてはイギリスにおいても株主総会は「高価な時間の浪費」とされ，アメリカ同様形骸化・空洞化している。ほとんどの株主は委任状を送付するが，その時議案に対する賛否を明示する株主は 11 〜 13％といわれている。また総会における発言内容は環境保護，動物実験反対，武器輸出反対，消費者運動に関するものに集中している(113)。

1985 年会社法においては取締役および取締役会に関する詳細な規定はなく，企業はかなりの自由度を有して定款を作成することができる。しかしこの会社法には定款作成の指針として模範定款が付則 A として添付されており，会社はその一部もしくは全部を利用している場合が多い。

イギリスの金融企業を含む最大 100 社のうち過半数の 60 社では取締役会長が CEO を兼任しており，この点でも経営監視体制は不十分である。このようなコーポレートガバナンス上の欠陥を補うために，キャドベリー委員会(1993 年)，グリーンベリ委員会（1995 年）およびハンペル委員会（1998 年）マイナース委員会（1994 年）の勧告が行われ，とりわけ大規模公開企業における社外性，透明性の向上に資している。

IT 技術の利用については，電磁的方法による招集通知などの配信などを可能にした電磁的情報伝達法（Electronic Communication Act）が 2000 年 5 月に成立し，それに基づく命令として 1985 年会社法命令が 200□年 12 月 22 日発効しているが，ウェブ上の株主総会開催は現時点では法的に不可能である。ただしウェブ上の株主総会を開催することの可否についての議論は進んでいる。

3　ドイツの状況

ドイツにおいてはいわゆる二層型の経営機構が制定されている。株主総会において監督機関たる監査役会の構成員が選任され，監査役会において業務

（テーブル A 84 条）。
(112)　ただし大規模公開会社においてはキャドベリー委員会，グリーンベリ委員会およびハンペル委員会の勧告に基づき，社外取締役の構成する報酬委員会に委ねられている。
(113)　吉森健『日米欧の企業経営』放送大学教育振興会（2001）114 ページ。

執行機関たる取締役が選任される。したがって同一企業において監査役会と執行役会のメンバーを兼務することは法的に禁止されている。それゆえCEOと取締役会議長が同一人物であることはありえない[114]。また監査役会の資本側役員は全て会社外部の人間でなければならず，法形式として監視機能と経営機能が明確に分離されている。

ドイツの二層型経営機構の最大の特質は，1976年の共同決定 (Mitbestimmung,Codetermination) 法[115]により，従業員2000人以上の企業においては監査役会が資本側労働側それぞれ同数の役員において構成される点にある。監査役会役員合計数は従業員数によって異なり従業員2万人以上の企業においては20人であり，資本側10名，労働側10名で構成されている。労働側は従業員代表7名，労働組合代表3名で構成されている。

ドイツの二層型経営機構は監視主体の独立性の観点からすると，理論的に整合性が高く理想的にも見える。しかし現実的には監査役会が必ずしも機能していないという指摘が，この制度制定時（1870年）から絶えず繰り返されている。その理由は執行役会が監査役会を制度趣旨とは逆に支配し，執行役会によって監査役会のメンバーが選出されることも通例となってきている[116]。執行役会が監査役会の介入を好まず，都合の悪い問題は議題として提出されない，という問題も提起されている。多くの企業で監査役会の事前承認が必要な事項を減らしており，事前承認を必要とする投資額上限も大幅に引き上げられ事実上執行役会の自由裁量に任されている。

監査役の報酬は定款で定めるか，または総会の普通決議事項である。利益配当も株主総会の普通決議事項である。取締役は1名以上，300万ドイツマルク以上の株式資本を有する会社では原則として2名以上である。

ドイツにおいては従来，無記名株式が一般的であり，各株主に対する連絡は金融機関を通じて行われることが通例であった。2001年1月に成立した

---

(114) しかし監査役会には執行役会の全役員が出席することになっており，その面前で批判を行うことは難しい，との意見もある。
(115) 監査役会における共同決定は北ヨーロッパの各国でも広く見られる制度である。具体的にはオランダ(1971年)，デンマーク(1973年，1980年)，ルクセンブルグ(1974年)，ノルウェー（1976年），スウェーデン（1976年）で法律が制定されている。
(116) ドイツ銀行がその一例である。

「記名株式と議決権行使簡素化のための法律」(Gesetz zur Namensaktie und zur Erleichterung der Sitmmrechtsubung (NaStraG))において企業および株式の国際化が急速に進む現状に鑑み,一般的な記名株式の普及促進,インターネットの技術革新に対応するために諸改正が行われている。さらに今後もコーポレートガバナンス政府委員会(バウムズ委員会)の提案に沿った改革が予定されている。

以上のようにドイツでは情報化と同時に国際化のための諸方策も急速に整えられつつある。

4 わが国の状況

日本において株主総会は商法または定款に定める事項に限って決議することができ,日常の業務執行については経営陣が定めることができる。そして取締役と監査役は株主総会の決議により選任される。その形態はアメリカ型一層制ともドイツ型二層制とも異なっていた。それゆえ経営監督を妥当性監査と適法性監査に分類し,妥当性監査は取締役会,適法性監査は監査役会という役割分担が行われてきた。

しかしその取締役会においては意思決定,業務執行,業務監視の機能が混在し,監視機関としての機能は初めから機能できないようになっている。業務執行監視機能を有すべき取締役は,代表取締役社長に実質的に選任される点において監視機能が空洞化している。委任状の束を取得できる社長は圧倒的な権限を有しており,自分を選ぶであろう取締役を選ぶであろうから,自分で自分を選んでいることになる。それゆえ取締役会が社長を解任したことはこれまでの長い歴史においてわずか数例に過ぎない[117]。

監査役(会)制度はこのような欠陥を補正するために制定されたのであろうが,取締役と同様監査役の候補者選定も社長が行うのが実態であり,経営監視において無力であることも一般に認識されている。

日本の取締役会は以下のような特徴を持っているといわれている。

---

(117) 1982年の三越,1991年のイトマン(実質的解任)などの例があるが,三越の例などは社長の権限濫用が伝えられてから解任されるまで数年を要していることから,むしろ経営監視体制の弱さを示すものであるという指摘もある。

第4章　コーポレートガバナンス各論

① 取締役の数が多い。
② 社外取締役が少ない。
③ 社長退任後会長に就任するケースが多い。

　取締役の数が多いことは，実質的な審議を不可能にし，監視機能や迅速な意思決定を欠くこととなる。社外取締役の少なさは日本の取締役会の排他性を示すものであり，社長退任後に会長に就任する例が多いのは，会長職が名誉職であることを示している。多くの上場企業において株主総会の議長が会長でなく社長であることもその証左である。

　このように日本の企業の経営組織は排他的であったといわなければならない。他国のそれと比較する第一に必要な視点は，この閉鎖性であろう。

　平成14年5月の商法改正において，商法特例法上の大会社およびみなし大会社についての委員会等設置会社の導入，および委員会等設置会社と従来型の監査役を維持する会社の選択性の採用という形で，日本の経営機構についての法制はアメリカ型一層制の取締役会に一歩近づいた形となった。委員会等設置会社おいては，社外取締役を中心メンバーとする委員会を設置して，取締役会を本来的な経営監督機関として再確立し，業務執行は執行役に担当させ，監査役を置かないこととした。閉鎖性の打破，社外性の確保という点では，委員会設置会社においては大いに前進したといえよう。しかし前述の如く委員会等設置会社への移行会社はいまだ少数であり，企業社会全体として開かれた会社が一般的である，といわれるまでにはさらに時間が必要であろう。

第2節　効率的コーポレートガバナンス確立のための制度提言

　コーポレートガバナンス確立のためには，日本における現行商法を抜本的に再構成すべきであるという議論もあるが[118]，私見では，社外取締役の独立性に関する定義規定など部分的には手直しの必要を認めるものの，委員会等設置会社を選択できるように改正された現行商法の内容で，委員会等設置

---

(118)　上村達男『会社法改革』岩波書店（2002）では現行の商法と証券取引法を整理して，新たに公開会社法を制定することの必要性が提起されている。

会社を選択すれば一定のコーポレートガバナンスの確立は可能であり，証券取引法も含めた法体系を考えれば現在の商法も目的に対して有効であると考える。商法における株式会社は公開会社を前提にしており，現在のように零細会社にもその制度が使用されている現状については手直しが必要であろうが，基本的な体系においては有効と考える。

その理由は，現行商法において株主主権は一貫して肯定されており，株主利益を擁護するための取締役会を中心とした経営機構が法的に保障されていると判断できるからである。コーポレートガバナンス確立のための最大の問題点は，「経営者支配」による株主権の縮減と経営監視機構の形骸化である。しかし株主権と経営監視機構は制度的には現行法で概ね保障されており，運用細則や行政機構，上場規則，会計基準が整備されることによって本来的なガバナンスの確立は可能であると思われる。CEOや執行役についても権限を取締役会から委任されていることが法文上明確であり，取締役会は株主総会の委託を受けた監督機関であることもまた明白である。法制度としては以上のように現状に肯定的であるが，現実には経営監視機構は形骸化していることも確かである。これを改善するには法と企業の間にある外部ガバナンスの改善が必要であり，改善策を以下に提起する。

1　株　主　総　会

これまでも株主総会の空洞化は日米欧の各国において指摘されてきた。株主総会は株主が取締役や執行役に対して直接意見を開陳し，かつ取締役の任免案や各種決議において共益権を行使できる唯一の場であり，株主権の縮減が叫ばれる今日もっとも権威を回復しなければならない会社機関である。

日本商法においてコーポレートガバナンスを保障する基本的構造は会社機関である。会社の機関とはそのものの意思決定や行為が会社の意思決定や行為と認められるものである。株式会社では多数の株主が存在していることが前提になるので基本的意思決定は株主総会で行われる。しかし株主総会での決議事項は会社の基本的組織，株主に重大な利害を与える事項，下位の機関の選任に関する事項に限定されている（商法230条ノ10）。そして一般的な業務執行の意思決定は取締役会が行うこととなっている（商法260条）。さらに株主総会や取締役会の意思決定を実行する機関として代表取締役がある（商法

261条)。

　だからといって株主総会・取締役会・代表取締役という会社機関にのみコーポレートガバナンスの公正性や効率性の基本を委ね，他の外部ガバナンスを従とする考え方については，会社ぐるみの企業不正も頻発している現在，異論が差し挟まれている。その議論の中心的内容はガバナンスを内部の会社機関にのみ依拠せず，外部ガバナンス中心に構築し，商法，証取法，上場規則，さらにはSECに多くの権限を委ねるというものである。証券市場の社会性に鑑み，コーポレートガバナンスの基本を，商法を再構成して新たに制定する公開企業法に置くべきであるという意見[119]もある。

　証券市場の発達によって開示制度，会計監査制度が発達すれば投資家全体が保護され，株主保護となると考えることはできよう。投資家は当該企業の株主になる前から潜在株主として，外部ガバナンスによって尊重・保護されると考えればわかりやすい。

　しかしコーポレートガバナンスの多くを外部ガバナンスに依存するということは，空洞化が指摘されている株主総会の現状からすると問題があろう。未だ株主総会の活性化のための努力の余地が残っていると考えられるからである。

　株主総会空洞化の原因は，多くの零細な一般株主が存在する大規模公開会社の場合，株主が株主総会を通して自己の意思を表明し，取締役の任免によって意思を経営に反映させることは難しいことにある。一般株主にとって経営状況をつぶさに調査し，多くの場合「統一開催日」と呼ばれる平日に行われる株主総会に交通費を掛けて出かけて意思を表明することは，結果的にその意思がほとんど反映されないことを考えると合理的行動とはいえない。

　それに加えて平成14年度の商法改正では，委員会等設置会社制度を選択することが新たに認められ，委員会等設置会社については監査委員会及び会計監査人の監査報告書に不適法意見がない場合には利益処分権が株主総会から取締役会に移行し，報酬委員会が設置されるため取締役の報酬決定が株主総会決議事項から外れることとなった。このように株主総会の必要的決議事項はさらに減少傾向にあり，一般株主の株主総会への参加意欲をさらに減退

---

[119]　上村達男『会社法改革』岩波書店（2002）187ページ参照。

させる方向にある。もちろん監査制度や情報開示など他のガバナンスの充実とマーケットの成熟によって総会決議事項の一部が変更，簡略化されることには一定の合理性[120]があり，直ちに株主権の縮減とはいえない。株主総会を通じた株主自身によるガバナンスは，会計監査制度や情報開示制度，関連諸法規，すなわち証券市場全体の発展と反比例して比重が少なくなることはアメリカにおける経験でも明らかであるが，空洞化の状況で現実に株主のガバナンスが行われていない中で必要的決議事項の減少は問題があろう。

　従来から日本における伝統的大規模公開会社では法人持合株主が存在している場合が多く，その場合，出資を相互に行うことによって実質的には出資を行わないで支配権を確保することができる。いわゆる「持合を通じた経営者支配」である。これも株主の株主総会参加意欲を減ずる大きな原因となっており，株価操作の温床となる可能性もあり持合禁止の立法，もしくは行政的措置が必要である。このことも含め上場規則などの外部ガバナンスを発展させる必要があり，それと共に以下のごとく株主の総会参加を容易にすることが必要であろう。

　私見からは現状の株主総会の空洞化を発展的に解消し，効率的コーポレートガバナンスを確立させるために，株主総会はネット上でのみ行う制度を選択できるように法改正することを提起したい。委員会等設置会社が選択制になったのと同様に，会社の判断によりネットのみの総会と従来型の総会を選択できるようにするということである。その理由は現在日米独のどの国でも見られるような，上述のコストとインセンティブの不釣合いによる株主総会の空洞化と，総会屋や政治的勢力の利用を防ぐためである。そもそも株主数が百数十万名に達している会社もあり，会議形式の総会開催は物理的に不可能である。

　ネットによる株主総会の場合，会社経営陣が説明責任をどう履行するかという点について，対話形式でそれが行えない，という問題が存在する。現行法において株主提案権（商法232条の2）や質問権（商法237条の3）が保障されており，それが対話を想定している以上，これらの点においても法文上

---

[120]　経営者の任免によって対応すべきであり経営判断の一部についてのみ否定，変更するのは合理的でないとする考え方。

の見直しを行わなければならない。しかし総体として考えればこのような制度改正は，株主に対する説明責任の履行が，ネット上で文書によって行われることにより後刻検索可能だという点で，説明責任履行という観点からもより実効性は向上すると考えられる。

　ネットで株主総会を行うことによって，取締役の任免投票，後述する執行役の信任投票についても株主は具体的な経営指標を基に参加でき，投票結果がリアルタイムで確認できるなど総会参加のインセンティブが増加する。さらに費用と時間的コストが大きく減ずるとなれば，インセンティブとコストの係数である株主参加は大きく進展し，現在のような株主総会空洞化状況は改善されるものと思われる。

　平成13年商法改正によってわが国においても召集通知・議決権行使の電子化が認められたが，召集通知については総会の召集権者が個別の株主の承諾を得て電磁的方法によって株主総会の召集通知を行うことができ（商法232条2項），議決権行使の電子化は従来の書面投票制度の利用に代えて，電磁的方法によることを許容する（商法239条の2第1項）のみであり，株主総会のネット上での開催という点からは程遠い。

　平成13年改正によるIT化の試みはそれでも一歩前進というべきであろうが，ハッカー対策・なりすまし・二重投票に対する技術的ブレークスルーの開発が未完成なこともあり，総体として書面投票制度の補完物の域を出ない。一方，有価証券報告書は平成14年6月からネットによる提出が義務付けられており，平成15年9月現在，上場企業の約6割に当たる2600社がすでにネットでの提出に移行している。提出を受け付ける金融庁側も受付用サイトEDINETを整備し，すでに金融庁のホームページで提出された有価証券報告書が閲覧可能である[121]。このようにネットへ業務を移行することについては企業側の対応も早く，かつ今後は提出用のソフトも開発されるであろうから，総会のネット移行も，諸外国における実施が進むこともあり，早期に可能になり進行すると思われる。

---

(121)　日本経済新聞2003年9月22日朝刊11版17面。

2 取締役会

2－1 取締役会議長

　取締役会の構成においてまず問題となることは，日本企業では半ば常態化している取締役会議長と CEO との兼務であろう。この兼務は監督機能と執行機能の長が同一人物になるので好ましいことではない。しかし取締役会議長は会議の方向性をミスリードしてはならず，その意味では社内事情に精通し，問題の所在を十分に把握でき，かつ内部論理に流されず社外性を維持できる人物の就任が適切である。そのような人物はすぐには確保することは難しい。したがって社長や会長経験者で現在は非常勤取締役という人物も本来ならば社外独立取締役とはいえないが当面は候補者としてやむをえないであろう[122]。このような人事では代表執行役の延長線上に取締役会議長を置くことになり「経営者支配」を助長する，という批判もあろうが，取締役会の一部である監査委員会が取締役会を監査するのと同様，取締役会議長もあるべき役割が果たされ，妥協のない運営が行われているならば，社内事情を熟知しており情報の非対称性の弊が少ないという効率性の観点からして，このような人事が適切である場合もあろう。もともと日本においては取締役社長と取締役会長は別の人物が就任する場合がほとんどで，これを CEO（代表執行役）と取締役会議長に置き換えるという方法も考えられる。この場合老害の弊をなくすため定年については定めなければならないし，部下として支配するということがあってはならないのでその点についての工夫が必要である。しかし社長が会長就任時に次期社長を指名し，その後社長と対立するということは，経済界においてよく見られることである。つまり最高権力者の社長は自分を選んだ前社長の言うことすら聞かなくてもいいほどの権力を握ると考えれば，非常勤の前々社長の支配に簡単に CEO が屈するという可能性は考えなくてもよいであろう。

---

(122)　ソニーにおいては，大賀前社長，会長が退任後取締役会議長に就任した。この場合社外取締役の定義には外れる。2003 年 10 月現在，中谷巌 UFJ 総研理事長が取締役会長を務め，その下で社外，社内取締役各 1 名が副議長を務めている。また流通業のイオンでは取締役会議長は代表執行役を兼務する常盤敏時会長が就任したが，将来は社外取締役が就任する方針である（早坂長治「企業統治なくして繁栄なし(2)」ウエッジ 2003 年 9 月号 66 ページ）。

2－2　取締役会の構成

最高経営責任者（CEO）は代表執行役という場合が今後大多数になろうが、CEO は執行機能の長であるから取締役会に対して執行状況について説明をしなければならず、そのため取締役会のメンバーであることが適切である。さらに COO（最高執行責任者）が設置されている場合、COO も同じ理由で取締役会メンバーであることが適当といえよう。経営者が取締役会にいなければ取締役は経営監督が出来ない。

それ以外の執行役についても、社外取締役の発言を封殺しない範囲内において取締役兼務は許されよう。執行役の数が少なく議題について十分に知悉した人間がいないという状況は逆に取締役会の機能を低下させる。ただし取締役会に実質的な討論を保証し、臨機応変に機動的に動けることも考えると出来るだけ少人数が良い。そのように考えると企業規模に拘らず取締役会構成員は 10 名内外が適切ではないだろうか[123]。日本の大規模公開企業における 2002 年おける取締役数は、イオン 8 名、日産自動車 9 名、東芝 16 名、ソニー 17 名[124]となっている。

そして社内取締役と社外取締役の構成比は、企業改革法を受けて 2002 年に改正された NYSE の上場規則のごとく、社外が社内を上回ることが必要である。今次のわが国における商法改正のような、委員会においてのみの社外取締役多数の規定は、監督機能を強化するという観点から不十分であろう。社外取締役数を比較多数にすることは産業界からの反対が強い問題であるが、取締役と執行役との兼任比率を低めるとともにコーポレートガバナンスの実効性確保のために是非取り組まなければならない。

しかし今後最も必要と思われる制度改正は、社外取締役が CEO を交えないで執行役と話し合いを持つことの制度的保障で、CEO の影響力を排除した交通権の確保であろう。取締役による「執行役面接」とでも名づけるべき内部統制システムを上場規則等で義務化することが喫緊の課題と思われる。

---

[123]　「アメリカ上場企業では取締役会の平均人数が 13 名、そのうち 10～11 名が社外取締役である。」（取締役の法務 111 号（2003 年 6 月号）62 ページ、長谷川俊明みずほフィナンシャルグループ社外監査役、弁護士の発言）

[124]　ソニーでは委員会等設置会社に移行するに当たって、これまでの方針を転換し、社内取締役を増員し、取締役・執行役の情報交換・意思疎通を緊密化している。

商法特例法21条で，取締役および執行役は，各委員会の要求があったときは，その委員会に出席し，当該委員会の定めた事項について説明をしなければならないことになっているが，さらに進んで年2回は社外取締役が分担して一人一人の執行役と面接することをその内容として，交通権を義務化することが必要である。そのための「執行役面接」であるが，その運用については今後，各社事例を踏まえた研究が必要であろう。

将来問題発生時にこの面接の内容が問われる。デュープロセスとして聞くべき内容をきちんと確認しているかがポイントになろう。予め取締役会で策定されたマニュアル的なものを手にして質問を進めることが適切である。具体的な面接の内容は部門別の目標と業績推移，代表執行役の業務執行に対する意見を聴取することが中心で，取締役(会)が執行役の立案した目標が不適切であると考えた場合には，面接を通じてそれを確認し，必要とあれば後刻取締役会の総意として修正を求めることも必要であろう。また取締役個々の業務評価・査定時には，この面接における対応と成果でも評価されるべきであろう。その際CEOの説明と執行役の説明のわずかなニュアンスの差も見逃さないだけの社外取締役の眼力と洞察力が必要である。もちろん社外取締役とCEOとの面接は最重要でありさらに頻繁に行われるべきである[125]。

この執行役面接は，本来業務監査に責任を有する監査委員会が行うべきであるが，執行役の人数が監査委員に比して著しく多数の場合も想定されるため，取締役会全体の任務とすべきである。但し実行にあたっては社外取締役がこれを相当すべきことは言うまでもない。

2－3 取締役会の任務

委員会等設置会社では，取締役会は経営監視を行うとともに経営方針の決定を行い，執行役はその方針の下で業務執行を行うと法定されている[126]。これに対しては社外取締役を中心とする取締役会は，情報の非対称性や業務に割く時間が限られていることなど経営方針決定を行う条件が整っておらず

---

(125) 商法特例法は執行役の人数について規定していない。したがって従来は取締役会で決定していたことを一人の執行役が決定する可能性もある。
(126) 商法特例法21条の7 I柱書。

不可能なのではないか，との意見もあろうが，株主に選ばれた取締役が執行役を指揮して経営を行わなければ，これまでどおりの「経営者支配」であり株主権縮減という問題点の解決にならない。

法的には取締役の専決事項として，①経営の基本方針，②監査委員会の職務の遂行のために必要なものとして法務省令で定める事項，③執行役が数人ある場合における執行役の職務の分掌および指揮命令関係その他の執行役の相互の関係に関する事項，④執行役からの取締役会招集請求を受ける取締役，が商法特例法 21 条の 7 第 1 項で定められている。

しかしこれは現実の取締役会の議事日程とは大きく異なっている。私見によって取締役会の具体的任務を列挙すれば，

① 経営方針の決定と，それに沿った執行役への指示，執行管理，監査
② 執行結果に応じた報酬と CEO を含む取締役任免の原案決定[127]，執行役任免決定
③ 新規事業，資産処分，営業企画，宣伝計画など重要事項諮問
④ 社員全体に対するプレゼンス（存在感の誇示）

である。

④については，これまであまり議論が行われなかった点であるが，特に委員会等設置会社の場合，社員に対して会社が「経営者支配」型組織ではなくこのような意思決定機構を有している，ということを積極的に示すことは重要である。株主の意を戴した取締役の考えは社員全員が知るべきであろう。社外取締役のプロフィール，個人的意見を社員集会，社内報で紹介する必要もあろう。

3 社外取締役

代表執行役の業務執行を監視監督する使命[128]を帯びているのが取締役で

---

[127] Weisbach は社外取締役の比率が高い企業では，業績悪化後の CEO 交代率が顕著に高いことを指摘している。社外取締役が株主利益の擁護に役立つかについての議論はアメリカにおいて多く行われているが，結論はこの Weisbach のようにおおむね肯定的なものが多い。

"Outside directors and CEO turnover" Journal of Money, Credit and Banking 17-2. 1988.

ある。取締役の任免は株主総会が行うことになっているが,その提案は取締役会が行うのであり,取締役会における代表執行役の支配的発言権を考えると(129)実質的には代表執行役が自分を監視する取締役と監査役を選ぶという形になる。これでは業務執行に対するモニタリングが十分に行われるはずもなく,「経営者支配」を促進することになってしまう。

そこで会社から取締役報酬以外の報酬を受けず利害関係も持たない独立取締役(independent director)としての社外取締役(outside director)の導入の必要性がいわれるのであるが,これまでの研究では社外取締役の導入が効果的であるとの明示的な実証研究の成果は存在しない。またエンロン・ワールドコム事件においては社外取締役が機能しなかったことが逆に実証された。

そもそもわが国においてはこれまで取締役は経営者として考えられており,監督機関としての認識が薄かったことは確かである。しかし取締役(会)が監督機関として役割を果たすことが要求される現代においては,取締役総務部長などの使用人兼務役員の存在は不自然である。専務取締役,常務取締役などの名称も,監督するものとされるものの両性を具備するがごとくに聞こえるので,それに代わって取締役機能と切り離した経営執行専従の上級役員として専務執行役,常務執行役という名称になるべきである。但し,そのことは平成14年商法改正で示されているように執行役と取締役との兼任を否定するものではない。

社外取締役制度の有効性は,エンロン・ワールドコム事件を経た現在のアメリカでも否定されておらず,第2章で見たごとくニューヨーク証券取引所の上場規則においてもより厳格に社外取締役の選任が要求されている。エンロン・ワールドコム事件以前のアメリカにおける株式市場とそれに導かれたアメリカ経済の発展を支えたのは,疑いもなく1990年代の社外取締役制度を根幹とするコーポレートガバナンスの進展であろう。エンロン・ワールドコム事件がアメリカのコーポレートガバナンスの実像であり,アメリカの企

---

(128) 昭和25年の商法改正時に代表取締役という業務執行責任者の制度が導入され,監査役の権限を会計監査権限のみとした。それゆえ取締役会の監督責任が強化されていると考えられる。

(129) 代表執行役は必ずしも取締役ではないが,現実的にはこれまでの代表取締役と同様支配的発言権を有すると考えられる。

業社会の実態は日本以上に暗黒であるとの論調もグローバルスタンダード批判の文脈で散見するが，これまでのアメリカにおけるコーポレートガバナンス改革の進展とその効果を十分認識した議論であるとは言い難い。

　日本において取締役といえば，昭和25年の商法改正以来，取締役会の一構成員ということでしかなく，監査役と同等の法的存在であった。しかし現実的には社長，専務，常務といった業務担当取締役か，取締役総務部長などの従業員兼務取締役がほとんどであり，業務執行を分担する経営者という色彩が強かった。したがって業務担当もなく従業員兼務もない取締役がむしろ例外視され「社外取締役」と呼ばれてきた。そのような実態を反映して，法的にも社外取締役のためのみに責任軽減制度が設けられている[130]。

　平成14年の商法改正による委員会等設置会社においては，この点が整理され業務執行は執行役が分担し，取締役は本来の任務たる経営監視に専念し，それゆえ社外取締役の選任を必須のものとした。すなわち監査，報酬，指名の各委員会委員の過半数は社外取締役でなければならない。また従来からの監査役設置会社でも，重要財産委員会を設けるためには最低一人の社外取締役が必要となり，社外性はここでも強調されている。

　社外取締役の定義は「その会社の業務を執行しない取締役で，過去にその会社または子会社の業務を執行する取締役，執行役または支配人その他の使用人となったことがなく，かつ現に子会社の業務を執行する取締役，執行役，またはその会社もしくは子会社の支配人その他の使用人にあらざる者」[131]ということであるが，この場合執行役であった経歴も社外取締役に不適という事由になることが問題である。取締役会議長の項でも見たように，人数を限って，あるいは退任後の年限を規定して執行役退任者にも人材を求めるべきではないだろうか[132]。

---

(130)　商法266条19項において，会社は定款をもって，社外取締役との間において，その者が取締役として法令・定款違反行為により会社に損害を加えた場合において，その職務を行うにつき善意でかつ重過失がないときは，定款に定めた範囲内においてあらかじめ定める額と報酬の2年分とのいずれか高い額を限度として，賠償責任を負う旨の契約をすることができる旨を定めることができるとされている。これは社内取締役の4年分，代表取締役の6年分に比べ責任が軽減されている。

(131)　商法188条2項7号ノ2。

この社外取締役制度が本格的に効果を挙げるためには，社外取締役が株主の立場に立脚して経営を監視することがポイントであり，これまでも議論はそれが可能であるかに集中している。改正商法では社外取締役の任用[133]において社外性を経営監督の実現のための要因としており，独立性については厳しく規定されておらず，CEO の親族，友人，取引先などにも社外取締役候補者を求めることが可能である。もちろん CEO の親族，友人といえどもそれだけで直ちに適格性に欠けるとはいえない。さらに株主総会がこれを承認するのであり，証券市場のそれに対する評価が決定に影響を与えるという側面もあるから一定の制約があるといえるが，アメリカの制度と比べても十分とは言えず，社外取締役の独立性を保つべく任用基準を厳しく法で定めることが適切であろう。支配会社の出身者が排除されていないことも，グループの一体性による効率性，適格者が不足するであろうことなど現状を考えるとやむをえない面もあるが，今後議論が必要であろう。

　また公開会社を前提とするならば，社外取締役は株主，ひいては潜在的株主たる投資家，すなわち国民全体の利害を代表して経営監視に当たらなければならない。社外取締役に他企業の経営者が就任することが多くなればその際「経営者支配」に経営者出身社外取締役が協力するという，株式持合現象に見られる「相互信認」が起こりかねない。たとえば経営者と社外取締役が，株主の利益を考えずお互いに報酬のアップを認め合うという局面が考えられる。さらに言えば経営者が社外取締役に対してすばらしい待遇をすることによって，自らの主張を通す，いわば CEO による社外取締役の合法的買収が行われることも「経営者支配」の現状ではその可能性を否定できない。

　効率的コーポレートガバナンスの立場からすれば，ネット総会を一般化し，株主の取締役の任免投票，執行役の信任投票への参加を通じて「経営者支配」を防ぐことが必要である。ネット総会の実施は現行の株主代表訴訟のごとくのインセンティブとコストの釣り合いを著しく欠いた制度よりは期待が持て

---

(132)　社内取締役の枠を使用して執行役経験者を非常勤取締役に選任すればいいのだが，アメリカのごとく社外取締役の割合をさらに高くするのであれば考慮しなければならない問題であろう。

(133)　商法 188 条 2 項 7 号ノ 2。

るのではないか。

　社外取締役の資格，資質については幾多の議論があるが，ここで一つだけ指摘しておきたいのは十分な経営スキルを有し，同業もしくは同規模企業の内部状況に通暁している人士を招かなければならない，という点である。必ずしも社外取締役全員が経営者経験者である必要はないが，取締役会の現実的な実効性を考えた場合，適法性や公正性のチェック以上に経営的なミスをチェックすることのほうが大きな仕事となり，その意味から経営者経験者はあらまほしい。また隠蔽された不正に対するチェック能力にしても，経済界，業界，社内に精通した人間のほうがより適任であろう。

4　代表執行役

　2003年10月，東京証券取引所第一部上場企業のコンピューターソフト会社CSKで取締役でない社長が誕生した。CSKは林由修副社長が社長執行役員に昇進するが，同時に取締役から外れることを発表した。同社は2003年に執行役員制度を導入し，取締役のトップは会長，執行役員のトップは社長と肩書を分けた[134]。取締役と執行役員を分離して経営の監督と執行の役割分担を徹底するためという。

　商法は代表取締役については261条で選任を必須としているが，社長という名称と代表取締役という法律上の名称は別個のものであり，社長といえども代表取締役として選任されない限り会社を代表するものとならない[135]。CSKは委員会等設置会社ではないので執行役員として社長が存在するのだが，当然社長は会社を代表する権限を有していると認められる名称であるので[136]，善意の第三者に対して責任を負わなければならない。

　これまでCEOといえば代表取締役と同義であったが，委員会等設置会社では取締役は専決事項たる業務の基本方針を決定するものの業務の執行者ではないので，CEOは代表執行役を指すことになる。委員会等設置会社においては取締役会決議をもって，会社を代表すべき執行役（代表執行役）を選任し

---

(134)　日本経済新聞2003年9月17日朝刊12版12面。
(135)　加美和照編著『取締役の権限と責任』中央経済社（1994）110ページ。
(136)　商法262条。

なければならないと明定されているが(137)，執行役会議，執行役相互の監視義務の詳細は法定されていない。代表というからには指揮命令の権限を有すると当然解すべきであろう。代表執行役の業務執行を監視するのは取締役会であろうが，取締役は全て非常勤という場合も容易に想定されるので，執行役も取締役会から権限を付与され日常的にこれを監視する義務を分担しなければならないと思われ，その場を保障する意味で執行役会の開催を法で義務付ける必要があるのではないか。

5 執 行 役

委員会等設置会社では，執行役は業務執行を為す役員として取締役会決議によって選任され，各執行役の職務の分掌および指揮命令関係その他の執行役相互の関係について決定する(138)。そして従来の取締役が有した権利義務のかなりの部分が継授される(139)。このように執行役は，取締役の専決事項を除き取締役会から委任を受けた業務執行事項につき決定する権限を有している重要な役割として(140)企業の効率性を具体的に達成し，それを監督する取締役以上に主体性を発揮しなければならない。企業業績の伸長は業務執行が禁止されている取締役ではなく，執行役の業務遂行の優劣にかかっている。

しかし商法266条1項では，取締役が会社に対して責任を負う場合を具体的に列挙し，その多くを無過失責任としていた。これに対して委員会等設置会社の詳細を定める商法特例法では，取締役または執行役は，その任務を怠ったときは，委員会等設置会社に対しこれにより委員会等設置会社に生じた損害を賠償する義務を負う，と規定している。この責任は任務懈怠責任で

---

(137) 商法特例法21条の15第1項。
(138) 商法特例法21条の7第1項3号，執行役員は執行役とはまったく違い，代表取締役の指揮命令下にある会社使用人であって，法定の制度ではない。しかし名称の類似もあり，責任の面ではいわゆる表見理論の適用を受ける可能性を指摘する意見もある。酒巻俊雄監修『商法大改正とコーポレートガバナンスの再構築』法律文化社(2003) 72ページ。
(139) 取締役の欠格事由の準用，重要な財産の処分や譲受，解任によって生じた損害賠償の権利，あるいは各種の訴訟提起権において執行役は取締役とみなされることなど。
(140) 商法特例法21条の7第1項。

あり，過失責任である。ここで任務と権限の範囲が拡大した取締役，執行役の義務をわずかでも後退させることについては問題があり[141]，改正前商法と同様の無過失責任規定を存続させるべきである。さらに株主の立場からすると執行役に責任追及をすることが出来るものの，執行役は執行役会議も相互監視責任も法定されていないので執行役全体の責任を問うというよりは担当部署の執行役の責任を問うに留まり，取締役に対する責任追及も，これまでのように監督責任と業務執行責任の両者を問うのでなく監督責任のみを問うのであるから，取締役に問い得る責任は従来に比べて軽くなると考えられる。

執行役制度改革の方向性としては，執行役は現在の法定どおり取締役会で選任されるべきであるが，株主総会の信任投票を新たに付加することが適切であると考えられる。商法特例法21条において，執行役の選任は取締役会全体の決議で行われ，株主総会決議事項ではない。常勤かつ日常の業務執行を行う執行役こそ企業の主体というべきであり，本来であれば株主が直接選任すべきであろうが，執行役という名の経営者の資質，技術を注意深く選定する役割は，専門家たる取締役に任せ，任免の結果について株主に信任を問うことが適切であると考える。

執行役の任免について株主信任投票と取締役会での任免決定という二重のプロセスを考えるのは，株主の執行役任免に関する情報不足に加え，取締役会が執行役を身内と考え，判断が甘くなるなど内部論理で執行役任免を行い，株主の意向や利益を損ねる可能性も存在するからである。

執行役の信任投票には，前述のごとく執行役ごとの役職名，権限事項，担当分野と部門別状況，損益，ROIを明らかにし，目標数値を公表することのほか，過年度において目標から実績が乖離した場合にはその理由を開示することも不可欠である。

また前項で見たように代表執行役，執行役会，執行役の相互監視義務についても法定すべきである。内部監査あるいは内部統制システムの維持・運営

---

(141) これに対する批判としては，森本滋「コーポレートガバナンス関係立法の最近の動向(上)」取締役の法務98号（2002）17ページ，土橋正「取締役制度の改正」ジュリスト No. 1206（2002）72ページ，がある。

は執行役の業務執行の一環であり執行役の業務と考えられ，従来の監査役の義務に関する規定が準用されると考えられるが，執行役の地位と権限機能，相互の監視義務が明らかになっていなければ執行役はその任務を果たすことは出来ないし，株主や取締役が責任を正しく問うことも不可能である。執行役は3月に1回以上取締役会において自己の職務の状況を報告しなければならないとされている[142]が，内部監査に関する執行役の業務遂行についてのシステムや権限は取締役会で詳細に定め，営業報告書で開示し，株主総会における質問にも答えるべき説明事項とすべきであろう。

6 委員会
6－1 監査委員会

委員会等設置会社において最も問題になるであろう委員会は監査委員会である。監査委員会委員に課されている役割は現行の監査役が行っている実査に近い役割とは異なり，財務・計算書類の審査および会計監査人と連携して会計数値の正確さを保障し，法遵守，リスク管理のための内部統制システムが完備しているかを判断することである。内部統制システムの確立は執行業務であり従来の監査役の職務にはなかった。

さらにこれまでは計算書類の承認は株主総会決議が原則であったが，委員会等設置会社では会計監査人と監査委員会が適正意見を付した場合には，計算書類は取締役会で決定される。したがって監査委員会を構成する取締役には監査役以上に会計能力が要求されるという意見もある[143]。しかし監査委員会は業務監査，すなわち適法性・妥当性監査を行うのであるから業務について精通し，会計について通暁するまでの必要はないと考えられる。監査委員会に会計監査人の仕事をさせる必要はないであろう。

会計監査中心のアメリカの監査委員会とは違い，日本の監査委員会は執行役，取締役，取締役会の業務監査も行う[144]ので，自己監査にならないかという問題も生じる。自己監査の可能性を避けるため，日本における商法改正

---

(142) 商法特例法21条の14第1項。
(143) 永井和之『監査委員会の監査委員の資質』取締役の法務101号106ページ。
(144) 商特21条の8第2項1号。

案は社外取締役中心の監査委員会設置を義務付けており,その委員も生活費の全てを会社から得ていない人を中心とするのであるから,これまでの監査役(会)監査よりは独立性を確保できると考えられる。

また監査委員会は法文上常勤監査[145],組織的・継続的監査を前提にしているが[146],それを保障する常勤者制度がないことも問題であろう[147]。企業規模に応じた常勤者による補助的監査組織が必要であり,それの不設置が原因で問題が発生した場合,取締役は善管注意義務違反の責めを負う可能性もある。

6－2 指名,報酬委員会

その他の委員会としては,指名委員会,報酬委員会が代表的なものであるが,従来代表取締役の支配権の源泉であった人事権,報酬決定権がその手を離れることは画期的である。しかし指名委員会委員を選ぶ取締役会に執行役兼務者数の上限制限がないがゆえに,執行役サイドの意向が強く働くとも考えられる。指名委員会の決定する候補者が実質的に無競争で当選してしまう場合が多いとの指摘もある[148]。

これら社外取締役が過半数を占める[149]委員会は,同一メンバーで「報酬委員会兼指名委員会」として行われることが多いと思われる。その理由は社外取締役の人数はそれほど多いとは考えられず,同一メンバーの兼務が必然的に多くなるからである。また報酬や指名に関する議題は繁閑が大きく,かつ連動することもその理由である。

指名も報酬も社内的には昇進や降格の表裏になるので,業績と連動した指名や報酬の方針,基準が明確化されなければならず,それは取締役会全体の

---

(145) 「いつでも」と表現されており常勤監査を意味するものと解される。
(146) 商特21条の10第1項ないし5項。
(147) 酒巻俊雄監修『商法大改正とコーポレートガバナンスの再構築』法律文化社(2003) 59ページ参照。
(148) カルパース・M・フラハーマン投資委員会議長,日本経済新聞平成14年10月24日朝刊。
(149) 日本における委員会等設置会社の例であり,アメリカではNYSEが1978年に全上場会社に社外取締役だけで構成される監査委員会の設置を義務付けている。

決定となる。特に執行役については任免が取締役会決議事項となるため、取締役会の報酬、指名に果たす役割は依然として大きいのではないか。またCEOの指名となれば、その基準に人間性など客観化、数値化できない要素も多く、CEO社内候補者の場合、その人間性に触れ得ない社外取締役が多数の委員会構成で適切な判断ができるかも問題である。

6-3 その他の委員会

社内取締役だけの経営委員会を取締役会の下部機関として設けることも行われているが、これは執行役を加えて「経営執行会議」として行われるほうが執行を議論するには能率的であろう。ただし経営委員会が取締役会決議が間に合わない時にそれを代行するための機関であるならば、その限りでない。

また機関投資家との協議の場を制度化したといえる株主諮問委員会は、少数株主、零細株主の権益を縮減し、インサイダー取引の原因ともなりうるがゆえに運用には慎重でなければならない。

さらに大会社では財務委員会を独立して設置する例も見られる。

7 取締役会の開催

月1回、年10回程度が一般的であり、2ヶ月に1回がこれに続くといったところであろうが[150]、各委員会はそれとは分けて行われなければならない。私の実務経験によると、たとえば指名委員会の場合、取締役の任免を行う場合、社外取締役に概要の説明を行って、該当者の社会的生命と会社の業績を左右する人事決定を行うわけであるから、少人数の委員会でも2、3時間はすぐに経過してしまう。事前の資料配布の水準が決定的であるが、それがある水準に達していたとしてもあるべき委員会の使命を全うするには一定の時間を費すことを覚悟しなければならない。

取締役会を有効かつ能率的に行うためには、執行役が取締役会の監督機能を尊重し、事前の執行役による会議で予定される質問にあらかじめ答えを出しておき、それをわかりやすく端的にまとめた資料を事務局が少なくとも1

---

(150) アメリカでは1987年のFortuneの調査では年5～7回、1997年のNACDの調査では2ヶ月に1回のところが多いとされている。

週間前に配布することがなければならない。

　そして委員会を含む取締役会全体としては，会社の業種規模にもよるが，月1回の開催であれば丸一日の審議時間を予定しなければならないであろう。

　取締役会の機能を考える場合，事前監視(ex ante control)が必要なのか，事後監視（ex post control）でいいのかという問題も発生する。確かに社外取締役とCEOとの間には情報の非対称性（information asymmetry）が存在し，事前監視は困難であり情報格差を埋めるためには取締役会にかける時間を中心としたコストが大きくなりすぎる，という問題がある。

　しかしそれを言えば社内取締役の場合も，自己の担当分野についての業務が多忙なため，担当外の監視に十分な時間を割けないということも事実として存在する。営業担当者は財務担当者の職務をほとんど理解できないことはごく一般的である。

　社外取締役は社内事情については確かに十分な知識を持ち合わせていないかもしれないが，それを補って余りある社外における一般的経営手法や，経営戦略上の注意点，さらには企業不正について知っているはずであり，事前監視にもその手腕を期待していいのではないだろうか。

8　取締役の報酬
8－1　インセンティブとしての報酬

　商法269条において，役員報酬は定款または株主総会の決議によって決定することが明記されている。しかし委員会等設置会社においては報酬委員会が設置され，取締役が自身の報酬を自分で決定するという仕組みになっている。報酬委員会は過半数が社外取締役で構成されるのであるから客観性は確保されるという文脈であろうが，株主ガバナンスの視点，ひいてはコーポレートガバナンスの効率性の視点からすれば，株主が経営者に数値目標を達成させるためのインセンティブ，あるいは達成後の謝礼が役員報酬であるから，数値目標と役員報酬総額との関係性を明確にすることが重要になる。

　しかし報酬に関する実証研究はアメリカを中心として多数あるが，それらはストックオプションを前提にしたものが多く，それに否定的な風潮が広がる現在において適用はなかなか難しい。また本論文の主張も前章で展開したごとく，ストックオプションの効用には否定的である。さらに現在広がって

いる認識は，現実的な役員報酬はインセンティブ論では説明がつかないというものである(151)。

すなわち企業業績は取締役報酬制度以外の要素によっても大きく変動することは自明である。また経営者のインセンティブは金銭だけでもない。さらに経営者のハードワークと現実の役員報酬は有意な関係がないとの報告もある(152)。またインセンティブ報酬制度が経営者の意識を短期化させ，長期的な投資判断を鈍らせ，例えば送電線の老朽化が原因とされる2003年8月のニューヨーク大停電の遠因となっているとの見方もある。

私見では，そのような問題点の存在を肯定しつつもなお，経営者にインセンティブ報酬制度は必要であると考える。企業は全体として利潤追求，あるいは株式時価総額の最大化，という一貫した目的で動いており，合目的的に全体が運営されるために，現在では一社員に至るまでインセンティブ報酬制度が実施されている場合が多い。そのとき頂点に位置する経営者において，実証的に証明されていないからといってインセンティブ制度を行わないことは企業内で論理一貫性にかけることとなり，インセンティブ制度廃止は難しい。もしインセンティブ制度の問題点を重視するならば全社員に対してもインセンティブ制度をなくすべきであろう。しかしそれが何を招来するかは，「お役所仕事」といわれる官公庁の実態を見ても明らかである。近似値的に合目的的であるインセンティブ制度を経営者に採り入れることは必要であろう。

8－2　CEOの報酬

かつてアメリカディズニーコーポレーションのアイズナー会長のストックオプションを含めた年間報酬総額は邦貨換算300億円を超えたこともあった。現在では高額報酬に対する批判と見直しの機運が強く，ストックオプションについても前述のごとく報酬としての正当性が問われている。

2003年9月に表面化したニューヨーク証券取引所（NYSE）のリチャード・グラッソ会長の高額報酬と辞任問題は，企業統治の改善の推進力であるべき

---

(151)　井村真哉・福光寛・王東明編著『コーポレートガバナンスの社会的視座』日本経済評論社（2002）225ページ（第6章「変貌するコーポレートガバナンス」（福光寛））。
(152)　Budman "Does it really pay for perfomance"（1997）Across the Board, Mar.

取引所自身が統治能力に問題があったことを明らかにした。辞任問題は2003年8月27日グラッソ会長が任期を2007年まで延長する契約更新の際に受け取った報酬額を取引所が公開したことに始まる。

　これは前NYSEドナルドソン会長が委員長を務めるアメリカSECなどの求めに応じてのものであったが，約1億4000万ドルという金額が関係者に衝撃を与えた。内訳は積立型貯蓄4千万ドル，退職積立金5200万ドルなどであり，その上これとは別に今後の任期中に特別手当4800万ドルや年俸140万ドルが支払われることになっていた。これに対してカルパースなどが会長の辞任を要求し，それに呼応して規制当局，機関投資家，政治家など全方位からの批判が高まり，9月17日グラッソ氏は辞任に追い込まれた。

　グラッソ会長は初の取引所生え抜き会長として，8年前に就任し，他市場との競争で手腕を発揮した。1990年代の株価上昇を演出し，時価総額15兆ドルを達成したNYSEの顔として辣腕を振るった。2001年の同時テロの際も，わずか1週間で取引所の業務を再開させ，その手腕は高く評価されていた。

　27人で構成される取引所の最高意思決定機関である理事会も8月のグラッソ氏の契約更新を全会一致で承認している。契約更新案は理事会内の報酬委員会が報酬規定に沿って原案を作成したもので，最終的には理事会はグラッソ氏に辞任要求を行ったが，高額報酬決定の主体はグラッソ氏ではなく理事会であるとの批判もある[153]。理事会はグラッソ氏を含む専任理事3名，証券界からの代表理事12名，上場企業や機関投資家などの代表理事12名で構成されていた。しかしこれらの理事は取引所という，閉鎖社会における内部者であり，同一の利害を有するともいえ今後はその統治能力と透明性に改革が必要である。とりわけ取締役会議長に当たる会長と最高執行責任者（CEO）の分離は急務であろう。

　同じく前会長ジャックウェルチ氏の高額報酬が問題になっていたアメリカゼネラル・エレクトリック（GE）においてはジェフリー・イメルド会長兼最高経営責任者の報酬を現在のストックオプションから業績連動型現物株式支給に変更することを決定した。この報酬案ではGEのキャッシュフローが年間平均10％以上増えた場合に総報酬額750万ドル相当分の株式の半分が支給

---

(153)　読売新聞2003年9月19日朝刊13版10面。

され，残る半分は配当と株価の上昇が市場平均を超えた場合に支給される。両基準を満たさない場合は基本給300万ドルのみとなる[154]。

ストックオプション廃止についてはマイクロソフトに続くもので，他企業の役員報酬決定に影響するものと思われる。とりわけエンロン・ワールドコム事件に見られるように目先の株価上昇のみを追い求める風潮に対する反省が込められていると考えるべきであろう。

上記2例に見られるようにCEOの報酬に関するコーポレートガバナンス上の問題はいまだ存在し，しかしながら改革の方向性も示されつつある。CEOの報酬問題は時としてセンセーショナルに報道され，それゆえ極端な結論が導かれることも多いが，前述のごとくあくまでも社外取締役を核とした社外性の導入と，外部ガバナンス諸法制・規則の整備を中心としたコーポレートガバナンスの確立が解決策であろう。

8－3　社外取締役の報酬

社外取締役の報酬については実例資料や報道例が不足しており，現実に即して言及することが難しいが[155]，まず生活の主たる収入が他にある人が社会貢献として，あるいは愛社精神の発露の気持ちを持って社外取締役を引き受けることを前提として考えなければならない。取締役報酬を受ける人物は，取締役報酬が執行役報酬のようなインセンティブ的な要素の割合が低い報酬であることを承知して就任することが必要であろう。もちろん社外取締役といえどもボランティアではなく，職業であるからそれにふさわしい報酬は必要であるが，非常勤であること，社内役員経験者も含め社会的地位が高い人物の就任が予想されることなどを考慮するとインセンティブ的な要素は必要であるにせよ一定の範囲にとどめるべきであろう。その上で社外取締役が自己保身を図らないためにも報酬が高額でなく，役員退職金がないことが適切であろう。またその報酬も取締役が株主の代理人であることを認識し，利害

---

(154)　日本経済新聞2003年9月18日夕刊4版3面，昨年は基本給に加え，約840万ドル相当のストックオプションが付与されていた。

(155)　商事法務研究会編『社外取締役の実践談』商事法務（2001）46ページ，伊藤建彦日本精工取締役の発言では「アメリカの社外取締役はボランティア的な要素があるので5万ドルから7万ドルぐらい」とある。

を共にするためにも現物株で支払われる部分を執行役より大きくすべきであろう。

8－4 報酬の開示について

アメリカやイギリスでは役員報酬の個別開示が義務付けられており，社会全体にも報酬はプロとしての能力を示すいわば勲章であるとの認識があると思われる。日本においても平成15年度からは有価証券報告書への総額記載が事実上義務付けられるが個別記載についてはいまだ検討中であり，社会にも高額報酬を抵抗なく受け入れる素地が薄い。また個別報酬はプライバシーの範疇に属し公開される側の意識を忖度すべきで，引抜きにいくらの報酬を用意したかなど企業秘密の公開になるという問題点もある。

株主がその代理人たる経営者に対して報酬に応じた成果を求めることは当然であるが，それを個別に公表することはコーポレートガバナンス上不必要ではないか。経営はチームプレーで個別開示には上述のようにプライバシー，企業秘密の問題があり，取締役・執行役別の総額提示で十分と考えられる。納税によって社会に貢献している人々のプライバシーを尊重するという視点も必要である。

報酬はそれを受け取る個人が最大の関心を有する事柄で，仕事に対するモラルと大きく結びつく。自分はわれこそはと思っている人が客観的にはそうでもないという場合もあり，このような場合報酬の一律開示はモラルを大きく下げる場合がある。一般社員が社長の給料を見て「そんなに取っているのか」と憤慨したり，「(芸能人・スポーツ選手と比較して) 当社社長にまで出世してもそれしかもらえないのか」と落胆することもある。それ故企業の自主的な判断を尊重すべき事柄であろう。

平成14年6月に行われた株主総会では多くの企業で，株主総会の招集通知における営業報告書において，報酬総額と受け取った取締役，監査役の総数を掲載している。これは平成14年の改正商法で株主代表訴訟における賠償責任軽減の条件として役員報酬総額を営業報告書で開示することが義務付けられていることが理由と思われるが，総額開示の方向への流れができつつあるとも言えよう。それによると日産自動車（取締役9名），ソニー（取締役13名）においては一人当たり報酬がそれぞれ1億4611万円，5669万円であ

るのに対して，トヨタ自動車（取締役58名），新日本製鉄（取締役41名）では2117万円，2760万円と際立った対照をなしている[156]。この数値は非常勤役員も含み，また前者においては副社長，専務など高位役職者が多いこともあり，一概に判断できないが，今後の方向性を示唆しているといえよう。

　株主の権利から考えると，前述のごとく取締役会全体のコストを知りそれが適切なパフォーマンスを挙げているかについては当然知る権利があるといえる。しかしそれ以上に重要な点は，取締役会が株主に対して利益と報酬の関係性をコミットメント，すなわち約束していくような報酬体系を一般化させることである[157]。社内において成果と連動した報酬はすでに行われており，その総額を発表することに問題はないのではないか。

9　新市場の設立
9－1　新市場の必要性

　前章で見たように効率的コーポレートガバナンスの確立は急務である。そのための改革のポイントは誘導型外部ガバナンス制度の創設であることは前章で指摘した。このようなコーポレートガバナンス実現のための誘導型外部ガバナンスの具体的な施策として，上述の1から7までの内容を達成するためにもガバナンス先進企業による新しい株式市場の設立を提言したい。

　効率的なコーポレートガバナンスの確立は必要であるが，その実現のために法律で上述の効率的コーポレートガバナンスの制度や指標を強制すべきとまでは現時点ではいえない。株式会社は利潤を目的とするものではあるが，実態としては個人会社や，利潤追求以上に公益性が求められる電力会社など多様であり，さらには全企業を効率性で縛ることには新たな社会的合意が必要であると考えられるからである。

　そこで効率的コーポレートガバナンス誘導型の制度と，それを実施している企業が当面モデルケースとして，あるいはショーウインドーとして必要で

---

(156)　日本経済新聞平成15年6月28日14版3面。
(157)　米国カルパースのハリガン理事長は2002年5月20日の上院委員会で，業績連動型の株式による報酬プランを採用し，それをSECが規制すべきであることを主張している。

ある。そのようなものとして本稿では，効率的コーポレートガバナンスの諸要素を完備した企業の株式のみが上場できる株式市場を創設することを提起したい。新市場の創設によってガバナンス改革の方向性を示し，同時に国家間，証券市場間，さらには企業間競争に勝ち抜く有力な市場と企業を育てることが目的である。

　このような新市場の創設や育成による経済活性化という手法は必ずしも新しいものではない。わが国の東京証券取引所にも第一部，第二部という分類があり，第一部市場には第二部市場より厳しい基準を通過した優良企業が集まっている。またヘラクレス，ジャスダック，マザーズ市場も新興企業育成という明確な政策的目標を持って設立された市場である。

　今後の「優良企業」の要素を考えた場合，それは規模の大小，利益の多寡だけではなくコーポレートガバナンス上の経営監督機構がどれだけ整備されているかも重要なポイントになる。一般零細株主からしても，経営監視が徹底している企業が新市場銘柄として分別されていることは，投資におけるコスト，とりわけ情報選択の労力を大きく削減できることになり，投資家保護，証券市場育成に資すると思われる。

　401Kなど，年金制度が大きく変化し，これまで証券市場に参加していなかった人々が大量に参入する時代を迎えようとする今，このような新しい概念に基づくブルーチップ（優良株式）市場が設立されることは経済振興策的にも望ましいのではないだろうか。

9－2　新市場上場基準
この新市場に上場するための要件は
① 　ネット上でのみ株主総会を行い，決議をネット投票でのみ行う。
② 　執行役ごとの担当分野と今期における部門状況，損益，ROIを明らかにし，来期の目標数値を公表して株主の執行役個別に対する信任投票を受ける。取締役会は信任投票の結果を執行役の任免決定についての重要な参考資料とするが，必ずしもそれに拘束されない。
③ 　取締役会は目標数値と連動した取締役，執行役の報酬総額をあらかじめ提案し，株主の賛否を問う。このとき現物株の付与を報酬の一定の割合で行う。ストックオプションは未上場時にのみ設定可能とし，上場後

は禁止する。
④ 配当性向は 50％以上とし，配当性向の算出根拠を明らかにする。これに対する株主の意向は取締役の任免を通して示される。
⑤ 新市場は人事的に独立した常設付属機関である査察委員会を設立し，新市場上場企業は査察委員会からの査察を無条件でいつでも受け入れることとする。また社員が企業内で違法な行為を見分したときは査察委員会に通報するよう義務付け，そのように社内教育も行う。査察委員会は内部告発や株主・消費者からのクレームを受け入れる部門をも有する[158]。

とする。

これらの要件は前節で見たように，各国で部分的に実施過程に入っているものも多い。たとえばネット上の株主総会は，前述のごとくデラウエア州では法的にすでに実施可能である。またアメリカ企業改革法や，ニューヨーク証券取引所上場規則にある内容を敷衍していることも多い。その意味ではこの新市場の提案は各国の成果を取り入れている。

そして新市場には退出基準も必要である。既存の東京証券取引所第一部，第二部市場の場合，とりわけ退出基準の設定運用が不十分であると思われる。最終赤字，無配が続いたり，果ては債務超過であっても上場を維持している。これでは上場基準の存在自身が無意味になる[159]。

新市場退出基準については上記上場基準に関する違反もしくは虚偽申告があった場合はもちろん，ROI が 5 ％を下回ったり，配当性向が一定水準を下回るなど経営的パフォーマンスが下落した場合にも退出を強制され，経営的パフォーマンス不足企業は新市場に付属的に設けられる現行の整理ポストのようなところに移管されるものとする。しかしこの整理ポスト入りした企業

---

(158) わが国において市場政策は金融庁，市場の監視は証券取引等監視委員会と管轄が分かれ，米国SECに相当する一元的行政機関がない。また証券取引等監視委員会の発表によれば平成 12 年～ 13 年の告発件数は，各 7 件，5 件に留まっている。準司法的強制力を持った組織の出現が待たれるが，自治的な上記のような組織の創立も問題解決の一助となろう。

(159) 最近では時価総額基準，出来高基準，債務超過基準など一定の退出基準が厳格に守られてきている。

も，現在の整理ポスト株のようないわば倒産確定の企業とは違って，すでにコーポレートガバナンスの基本が整備されている企業ばかりであるのでハイリスクハイリターンの投資に格好の市場となる。

　現在の日米欧の株式市場に共通して本質的に求められていることは株主権の復権であり，そのためにはこのような新市場の創設という誘導的改革は有効であろう。新市場の創設は，投資家から見てコーポレートガバナンスが完備した安全性の高い多くの投資先を登場させることになる。それらの企業では広範に株主権が認容されているので投資のインセンティブが飛躍的に増大し，それゆえ人気化し，先駆的に証券市場全体を領導するので証券市場全体に株主権を重視する企業が増えると推測できるからである。

おわりに——会社は誰のものか

「はじめに」の問題提起で扱った「企業は誰のものか」という問いとそれに対する答えは，近年多くの識者から発せられており，その答えもさまざまである。しかしその問いと答えが，アメリカ型企業価値最大化原則に対する賛否の周辺で展開されていることは共通している。すなわち企業価値最大化が株主利益最大化[160]を意味し，それが企業の存在意義の第一であるとするならば，リストラ・レイオフや地域に影響を与える TOB も正当化されるが，当該企業の労働者やコミュニティも含めた，いわゆるステイクホルダー（企業関与者）全体の利益をも考慮することが企業目的であるとすれば，現在のアメリカ型株価第一主義に立脚した大規模公開企業のビヘイビアは重大な制約を受けることとなる。この問題は一般の有識者にも関心の高い問題であるがゆえに，多くの議論が展開されているが，それらがこれまでの学問的達成を対象化して展開されているとは言いがたい。それではどのように論理を展開すべきであろうか。

はじめに銘記しなければならないことは，この問題に対する解答はすでに現行会社法という形で提出されているということである[161]。経営のモニタリングについても，これまでの歴史的経験，すなわちここ 100 年ほどの世界の株式会社における問題解決のプロセスから抽象された法的コントロール体制が確立している。

それによれば株式会社は株主のものであり，基本経営方針は最高議決機関である株主総会の意思が決するということである。現代の法制度を金科玉条にして何物をも付け加えてはならない，ということではないにせよ，これまでのコーポレートガバナンス論はあまりにも現行法制度という歴史的重みを

---

(160) 株主利益といっても支配権所有株主と零細株主，さらにはいわゆる「通りすがりの株主」を一律に扱うべきかという問題がある。
(161) 新山雄三『論争"コーポレートガバナンス"』商事法務（2001）170 ページ参照。

おわりに

持った前提を軽視して、自由気儘に議論してきた嫌いがあるのではないだろうか。さらに、諸外国の論潮を無批判に受け入れることも同様に戒め、わが国における法的経緯を重んじなければならない。「会社は誰のものか」を論ずる時、このような慎重な姿勢がまず求められる。

　そこでステイクホルダー論であるが、これは現行の法制度における株主主権論を一定打ちこわし、企業内外の人々の享受する分け前について再分配することを主張するという性格上、必然的に政治的な問題へも波及することを覚悟しなければならない。もちろんステイクホルダー論はシェアホルダー論と同列に議論すべき問題であるかという議論もあり、ステイクホルダーに対する分け前は経営者の裁量の範囲内で行うという限定的ステイクホルダー論も可能であろう。しかし政治的問題である所得再分配の問題にまで切先が及んだ場合、コーポレートガバナンス研究としてそこに踏み込むには、政治問題に踏み込むという意識と決断が必要であるが、現代のコーポレートガバナンス論におけるステイクホルダー論にはそこまでの覚悟が希薄ではないだろうか。地域代表や労働者代表を取締役にするなどの論に接すると、時事問題として気軽に議論が展開されているのではないかとの感を覚える。

　そもそも株式会社法は経済主体相互間の私的利益の調整を任務とし、経済政策的にも価値中立的で、およそ企業の社会的責任といった課題とは無縁な法であり、権利義務関係を基本的な内容とする裁判規範としての性格を有している[162]。前述のごとく産業振興を含む経済政策や、場合によってはステイクホルダー論のような社会政策を推進するという性格も有するが、それはあくまでも第二義的なものにとどまるという点を指摘しておきたい。

　株主第一主義かステイクホルダーの利益を重んじるかの議論、アメリカ流にいえばコントラクタリアンかコミュニタリアンかの議論における結論は、法律学的な要素ばかりではなく論者が拠って立つ政治的立場に大きく影響される。論者が資本主義発展の肯定的側面と否定的側面のどちらに重点をおき立論するか、どちらの政治的立場に立つかによって結論が定まるのであって、前章で展開したような企業効率化のためにどちらが有利かという議論ではない。「企業は誰のものか」という問いは、このように体制選択や政治的立場の

---

(162) 新山雄三『論争"コーポレートガバナンス"』商事法務（2001）9ページ。

問題を内包していることについてまず認識し,「その議論を避けなければならない」という第三の立場も存在するということを見落としてはならない。本稿はその第三の立場を選択,主張する。

コーポレートガバナンスの議論が,資本主義か社会主義,もしくは社民主義という国家の政治体制選択を論じることに通じるとするならば,体制選択は本稿の射程にはなく,同時にコーポレートガバナンス論一般の射程にもないであろう。そう考えればコーポレートガバナンス論とは,一定の所与の前提の上で行われるべき議論であるということになる。その所与の前提とは現在の資本主義体制と法制度,そして現行商法において一貫している株主主権の原則ではないだろうか。

現在企業が多くの問題に直面し,その少なくない部分が社会との共生という問題を含んでいることは事実である。しかしだからといって株式会社の利潤追求を中心とする本質,社会の中での存在意義は変化しておらず,社会との共生も「はじめに」で見たように経営者の裁量の範囲内で長期的利益のために利害関係者と妥協していくべきで,21世紀になって企業の本質が変化した,あるいは変化すべきであると考えることはできない。

効率的コーポレートガバナンス論とは,その名からも類推できるように,さらに条件を付与したコーポレートガバナンスにおける技術論であるが,コーポレートガバナンス論一般もあるべき会社機関と外部ガバナンスを追求する技術論に留まるべきであると考える。

これまでのコーポレートガバナンスに関する議論では,株式会社の本質に関わる変更を含む問題を,ステイクホルダー論として部分変更が可能であるが如くのものも散見された。社員代表,労働組合代表や地域代表を取締役会メンバーに加えるという論は[163],それであれば株式会社を先ず旧ソビエト連邦のコルホーズやソホーズのような利潤追求を目的としない存在に変えなければ内部論理の一貫性が保持できない。日本において続々と破綻する第3セクターといわれる官民共同事業の問題点は,このような内部論理の一貫性

---

(163) 伊丹敬之『日本型コーポレートガバナンス』日本経済新聞社(2000)では副題に「従業員主権企業の論理と改革」とあるように,株主と並んで従業員を企業の主権者としている。

おわりに

欠如から生じると思われる。

　企業が本来有する能力を十分生かす，すなわち効率性を発揮させるということは，企業が社会の公器として富を生産する，利益を創造するという本来の機能を全うさせることである[164]。その果実をどのように分配するかは政治が担当すべき権能であり，たとえば累進税率と社会福祉のごとくに所得再分配政策として考えられるべきで，コーポレートガバナンス論の守備範囲ではない。労働者福祉が必要であると考えれば税法，労働法で所得再配分の財源や労働者の権利を調節すべきであり，地域との問題であれば地方税法の改正が大きな役割を果たすであろう。企業の社会貢献は主として納税で行うべきで，納税額の多寡を決定するのは政治である。企業は本来の任である利益創出に専念し，課税に対処すればいいのである。

---

(164) この場合の利益については，ハーバード大学ビジネススクールのポーター教授が指摘しているごとく，アメリカ企業における短期的利益の重視による長期的効率性の喪失という問題があり，利益という概念自身についての議論が必要であろう。

参考文献一覧

〈第1編〉

石黒一憲『法と経済』岩波書店（1998）

岩井克人『貨幣論』筑摩書房（1993）

岩井克人「企業経済論と会社統治機構」商事法務 No. 1364（1994）

岩井克人『資本主義を語る』講談社（1994）

岩井克人『21世紀の資本主義論』筑摩書房（2000）

植竹晃久『企業形態論―資本集中組織の研究』中央経済社（1984）

植竹晃久・仲田正機『現代企業の所有・支配・管理　コーポレートガバナンスと企業管理システム』ミネルヴァ書房（1999）

江頭憲治郎「コーポレートガバナンスを論ずる意義」商事法務 No. 1364（1994）

遠藤浩・川合健・酒巻俊夫・竹下守夫・中山和久編『民事法小辞典』一粒社（1982）

大隅健一郎『新訂・会社法概説』有斐閣（1975）

大隅健一郎『会社法の諸問題・新版』有斐閣（1983）

大塚久雄『株式会社発生史論(上)―近代個別資本の歴史的研究　第1部』中央公論社（1950）

落合誠一『岩波講座　現代の法　7　企業と法』岩波書店（1998）

片岡伸之『現代企業の所有と支配』白桃書房（1992）

加美和照『新訂会社法（第六版）』勁草書房（1998）

上柳克郎・鴻常夫・竹内昭夫編『新版　注釈会社法第3巻　株式(1)』有斐閣（1987）

仮屋広郷「株式会社と所有―コーポレートガバナンスの側面から」山内進編『混沌の中の所有』国際書院（2000）

川合一郎『現代資本主義の財政・金融政策　現代資本主義講座　第3巻』東洋経済新報社（1958）

川島武宜「法的構成としての「法人」民法および商法のための基礎作業として」竹内昭夫編『現代商法学の課題(下)』有斐閣（1975）

川島武宜『所有権法の理論』岩波書店（1949）

川村正幸「会社法とコーポレート・ガバナンス」一橋論叢 111 巻 4 号（1994）

岸田雅雄『ゼミナール会社法入門』 日本経済新聞社（2000）

北原勇『現代資本主義における所有と決定』岩波書店（1984）

黒川行治・深尾光洋・澤悦男・黒田昌裕「座談会　会計基準の改定とコーポレートガバナンス」三田評論 No. 1029（2000）

貞松茂『株式会社支配の研究』ミネルヴァ書房（1994）
末永敏和「『コーポレートガバナンス』ジュリスト No. 1155（1999）
末永敏和『コーポレートガバナンスと会社法』中央経済社（1999）
道垣内弘人『信託法理と私法体系』有斐閣（1996）
富森虔児編著『現代の巨大企業』新評論社（1985）
富山康吉『現代資本主義と法の理論』法律文化社（1979）
根井雅弘『ガルブレイス　制度的真実への挑戦』丸善ライブラリー（1995）
深尾光洋『コーポレートガバナンス入門』筑摩書房（1999）
深尾光洋・森田康子『企業ガバナンス構造の国際比較』日本経済新聞社（1997）
編集部「2000年商事法務ハイライト」商事法務12月25日号（2000）
松浦好治編訳『「法と経済学」の原点』木鐸社（1994）
マーク・ロー，北条裕雄・松尾順介訳『アメリカの企業統治』東洋経済新報社（1996）
三戸公『現代の学としての経営学』文眞堂（1997）
三輪芳朗・神田秀樹・柳川範之『会社法の経済学』東京大学出版会（1998）
森本滋「取締役の善管注意義務と忠実義務」民商法雑誌81巻
八木弘『株式会社財団論・株式会社法の財団的構成』有斐閣（1963）
山田鋭夫『レギュラシオン理論』講談社（1993）
山本政一『企業形態論序説（改訂版）』千倉書房
ロバート・W・ハミルトン，山本光太郎訳『アメリカ会社法』木鐸社（1999）

Baran and Sweezy, Monopoly Capital, (1966)

Berle and Means, The Modern Corporation and Private Property, (1932)

Blair, Ownership and Control: Rethinking Corporate Governance for the 21st century, (1995)

Drucher, The Future of Industrial Man, (1942)

Drucher, The New Society: the Anatomy of the New Industrial Order, (1950)

Galbraith,The New Industrial State, (1967)

Gordon, Business Leadership in the Large Corporation, (1945)

Larner, Management Control and the Large Corporation, (1970)

Mitchell, A theoretical and practical Framework for Enforcing Corporate Constituency Statutes, (1992)

Perlo, The Empire of High Finance, (1957)

Stone, Employees as Stakeholders under State Nonshareholder Constituency Statutes, (1991)

Veblen, The Instinct of Workmanship and the State of the Industrial Arts, (1914)

〈第2編〉

青木昌彦『日本経済の制度分析―情報・インセンティブ・交渉ゲーム』筑摩書房（1992）

青木昌彦『経済システムの進化と多元性―比較制度分析序説』東洋経済新報社（1997）

家近正直・近藤光男・吉本健一編『討論コーポレートガバナンス』学際図書出版（1999）

伊丹敬之『日本型コーポレートガバナンス』日本経済新聞社（2000）

井村真哉・福光寛・王東明編著『コーポレートガバナンスの社会的視座』日本経済評論社（2002）

植竹晃久・仲田正機編著『現代企業の所有・支配・管理　コーポレート・ガバナンスと企業管理システム』ミネルヴァ書房（1999）

上村達男『会社法改革』岩波書店（2002）

大村敬一・増子信『日本企業のガバナンス改革』日本経済新聞社（2003）

小佐野広『コーポレートガバナンスの経済学』日本経済新聞社（2001）

加美和照編著『取締役の権限と責任』中央経済社（1994）

川村正幸「コーポレートガバナンス論と会社法」『田中誠二先生追悼論文集　企業の社会的役割と商事法』経済法令研究会（1995）

久保欣哉『独占禁止法通論』三嶺書房（1993）

酒巻俊雄監修『商法大改正とコーポレートガバナンスの再構築』法律文化社（2003）

J. Mark Ramseyer『日本のメインバンクシステム―日本のメインバンクシステムの法的論理―』東洋経済新報社（1996）

商事法務研究会編『社外取締役の実践談』商事法務（2001）

末永敏和『コーポレートガバナンスと会社法』中央経済社（1999）

田中誠二『会社法学の第二の新傾向とその批判』千倉書房　（1990）

竹内靖男『法と正義の経済学』新潮社（2002）

新山雄三『論争コーポレートガバナンス』商事法務（2001）

八田真二・橋本尚共訳『英国のコーポレートガバナンス』白桃書房（2000）

花崎正晴・寺西重郎編『コーポレートガバナンスの経済分析』東京大学出版会（2003）

平野龍一『刑法　総論Ⅰ』有斐閣（1996）

Paul Sheard『メインバンク資本主義の危機』東洋経済新報社（1997）

三ヶ月章『法学入門』弘文堂（2000）

三輪芳朗・神田秀樹・柳川範之編『会社法の経済学』東京大学出版会（1998）

吉田直『競争的コーポレートガバナンスと会社法』中央経済社（2001）

吉森賢『日米欧の企業経営』放送大学教育振興会（2001）

Monks and Minow，ビジネスブレイン・太田昭和訳『コーポレートガバナンス』生産性出版（1999）

R. H. Coarse, The Firm,The Market and The Law, Uni. Chi. Press, 1990., 訳書として宮沢健一他訳『企業，市場，法』東洋経済新報社（1992）

A. A. Berle and G. C. Means, The modern Corporation and Private Property, 1932, 1991

F. H. Easterbrook and D. R. Fischel, The Economic Structure of Corporate Law,Harv. Uni. Press, 1991

〈著者紹介〉

河 端 真 一（かわばた・しんいち）

  1951 年　京都府京都市に生まれる
  2004 年　一橋大学大学院法学研究科博士課程修了
  2004 年　一橋大学大学院国際企業戦略研究科客員教授
  2006 年　同　上　任期満了退任

  法学博士（一橋大学）
  株式会社　学究社　代表執行役会長
  元社団法人経済同友会幹事

コーポレートガバナンスの研究

2004（平成16）年7月20日　初版第1刷発行
2017（平成29）年4月25日　初版第2刷発行

    著　者　　河　端　真　一
    発行者　　今　井　　　貴
    　　　　　渡　辺　左　近
    発行所　信山社出版株式会社
    〒113-0033　東京都文京区本郷6-2-9-102
    　　　　　電　話　03（3818）1019
    　　　　　ＦＡＸ　03（3818）0344

Printed in Japan

Ⓒ河端真一，2004．　印刷・製本／東洋印刷・日進堂製本
ISBN978-4-7972-2296-8　C3332